U0524044

懂点儿经济学

ECONOMICS

看清世界的运行逻辑

王福重 / 著

中信出版集团 | 北京

图书在版编目（CIP）数据

懂点儿经济学 / 王福重著 . -- 北京：中信出版社，
2023.9（2024.4 重印）
ISBN 978-7-5217-5912-9

I. ①懂… II. ①王… III. ①经济学—通俗读物
IV. ① F0-49

中国国家版本馆 CIP 数据核字（2023）第 151105 号

懂点儿经济学
著者： 王福重
出版发行：中信出版集团股份有限公司
（北京市朝阳区东三环北路 27 号嘉铭中心　邮编　100020）
承印者： 嘉业印刷（天津）有限公司

开本：880mm×1230mm 1/32　印张：9.75　字数：210 千字
版次：2023 年 9 月第 1 版　印次：2024 年 4 月第 3 次印刷
书号：ISBN 978-7-5217-5912-9
定价：69.00 元

版权所有·侵权必究
如有印刷、装订问题，本公司负责调换。
服务热线：400-600-8099
投稿邮箱：author@citicpub.com

献给
**亲爱的罗红、
小美、大帅**

目录

序：为什么要学习经济学　　VII

第 1 讲
什么是经济学　　001
一门让人幸福的学问
欲望无限
资源稀缺
计划和市场

第 2 讲
经济学基本假设　　012
伽利略的比萨斜塔实验
《镜花缘》里的君子国
斯密和司马迁
如何保护濒危动物
聪明人

第 3 讲
消费者　　023
主观的效用
边际效用递减
需求曲线
五袋谷物的故事
花钱的原则
为什么物以稀为贵
水和钻石之谜

第 4 讲
厂商　　035
利润最大化
边际产量递减
边际收益等于边际成本
经济成本和会计成本
经济利润只出现在一个场合

第 5 讲
竞争性市场　　046
竞争市场的特点
边际成本等于价格
供给曲线
均衡的含义

第6讲
市场如何起作用　056
相对价格的妙用
中国铅笔的故事
地震和租金控制
挂号费和看病难

第7讲
垄断　066
垄断者不敢漫天要价
单一价格垄断
机票打折的秘密
谷歌的口号
无垄断难创新

第8讲
垄断竞争　075
更像垄断
非价格竞争
绝妙广告
对消费者的忠告

第9讲
博弈论　081
《美丽心灵》
纳什均衡
囚徒困境
可疑的齐王田忌赛马
空城计里无智慧
海盗分金

第10讲
寡头　091
决策相互影响
三国何以鼎立
寡头的纳什均衡
如何让人信任

第11讲
个人收入分配　097
要素市场
老板和员工可能互不喜欢
工资是边际生产力决定的
利息存在是因为现在比未来重要
地租和明星的高收入是一回事

第12讲
市场的缺陷　　107

市场可能无效
平等和效率
机会公平
无知之幕
投票循环

第13讲
外部性　　114

全球气候变暖
《京都议定书》
谁是污染的受害者
科斯定理
碳排放权交易

第14讲
公共物品　　124

"9·11"与反恐
灯塔的故事
非排他性和非竞争性
三个和尚没水喝
道德和知识

第15讲
信息不对称　　130

书中自有颜如玉
逆向选择
医师资格证
道德风险
婚姻背叛
过度医疗

第16讲
不确定性、风险和保险　　140

随机事件
风险厌恶
期望收入和效用
精算公平保费
生命表

第17讲
什么是宏观经济学　　147

大萧条
凯恩斯
就业、利息和货币通论
宏观经济学四大问题
合成谬误

第18讲
GDP 及其统计　　153

统计数据
需求角度的 GDP：三驾马车
供给角度的 GDP
GDP 的缺陷

第19讲
有效需求　　161

萨伊定律：东西不会卖不出去
恐怖的大萧条
凯恩斯三个心理定律
有效需求决定短期宏观经济好坏

第20讲
凯恩斯主义经济学　　168

乘数效应
借债无上限?
破窗理论
萧条经济学的回归

第21讲
税收　　176

人生之不可避免
直接税和间接税
增值税的精巧设计
苹果手机为什么贵
摊丁入亩

第22讲
货币（一）：从贝壳到电子货币　　184

贝壳
铸币
纸币
电子货币
文学家的偏颇

第23讲
货币（二）：比特币　　192

中本聪
一种点对点的电子现金系统
哈希函数
私钥和公钥
挖矿

第24讲
利率 202

利率
复利的神话和现实
高利贷
威尼斯商人

第25讲
商业银行 208

钱庄和票号
商业银行
银行的秘密武器

第26讲
中央银行和货币政策 214

M1 和 M2
美联储如何运作
中央银行如何保证商业银行安全
商业银行何以凭空创造货币
美联储的决策如何影响世界

第27讲
通货膨胀和通货紧缩 224

CPI
通胀有好有坏
中国通胀不常有
通缩的麻烦

第28讲
失业 233

宇宙的尽头是编制
经济不景气是失业的主要原因
最低工资法增加失业
技术进步与失业
个人能力与失业
就业歧视

第29讲
汇率 240

外汇市场
布雷顿森林体系
一价律和巨无霸指数
购买力平价

第30讲
国际贸易（一）：绝对优势和比较优势　249

大航海时代
玉米和土豆引进中国
绝对优势
比较优势

第31讲
国际贸易（二）：自由贸易还是贸易保护？　256

任何国家都需要进口的三个理由
直接生产和间接生产
美国人如何看上电视
日本人如何乘飞机最划算
WTO的目的是让走私无利可图

第32讲
经济增长　263

资源
人口
技术
人类历史上只发生了一件大事
制度比技术更重要
日本失去了30年吗

第33讲
经济学家谱和其中的华人身影　273

淡水学派和咸水学派

附录

附录1：本书涉及的经济学术语　283

附录2：经济学著作　291

附录3：进一步学习的参考书　293

附录3：世界大学经济学排名　294

序：为什么要学习经济学

我曾在北京的三所大学（中央财经大学、北京大学、北京航空航天大学）教经济学 30 多年，教过的本科生、研究生等各类学生有几万人。不必过多解释为什么要学经济学，因为是必修课，不学得不到学分。

但这是一本面向大众的书，就有必要解释。因为好多人无论学什么都先问为什么，虽是很功利的态度，但不是不可以理解。

用，包括有用之用和无用之用。

有用之用，就是料定有实际功效。20 世纪 80 年代，农村义务教育阶段辍学现象非常严重，因为一些家长认为，上几年小学能写字、识数也就够了，再读是浪费，不如回家做生意或者学个厨师、木匠，还能养活自己。这些家长有没有道理？当然有。小学的语文、数学，真的很有用，不然名字都不会写，简单算账都不灵，何以在社会立足？但初中学的东西，代数、几何、物理、化学、生物，几乎一辈子用不上，学它做甚？

但有的家长认为应该继续上学，他们的想法是，学习本身就是好事，说不准以后还能用得着。这就不是有用之用，而是无用之用。我父亲就是这样的，他没上过学，但喜欢有文化的人，在读书这件事上，不遗余力地支持我们兄弟姐妹，这倒不是觉得我们都有希望考上大学，而是认定文化多多益善。

上过大学的朋友知道，大学所学，几乎都不是有用之用。微积分、力学、无机化学、分子生物学、世界近代史、自然地理、古典哲学，简直没一点实际用处。即使学貌似很有用的医学，也未必能当得了医生。但有趣的是，还没听说谁后悔上了大学，因为他们因此开阔了视野，不认为无用之用是真的无用，至少为他们展示了人生的更多可能性。

人本来有无限可能，具备极强的可塑性，即使天资并不突出也是如此。我们儿时都有梦想，但实现的人很少。就是因为多数人只看到眼前的有用之用，把上升通道主动堵死了，无限可能变成非常有限之可能。这有自身能力不济的原因，但家长、老师和同学、朋友，也就是环境的熏陶也不可小觑，有时甚至起到决定性的作用。俗话说名师出高徒，名师的专业水平未必很高，弟子未必不如师，师未必贤于弟子嘛，更可能是因为名师的眼光更长远，更了解大势，也就是知道技艺、专业以外的无用的东西。举个例子，巩俐和章子怡如果没有遇到张艺谋导演，或许也能成为不错的演员，但当国际巨星的可能性就不大。张艺谋演戏不如她们，但却能指导她们如何更好地演戏。

人如此，国家也一样。今天，小小的芯片，正在决定国家的竞争力。芯片代表的是计算能力，没有强大的计算能力，几乎所有的高科技产业都做不起来。芯片是什么？就是在小小的硅片上集成海量的晶体管，而硅是从沙子中精炼出来的。以1颗大约500平方毫米的芯片为例，上边可以有500多亿只晶体管，真的好神奇！晶体管里边是一个个PN结，是硅里边掺入五价元素磷和三价元素硼做出来的。PN结具有单向导电性，被应用于许多器件中，比如二极管，二极管有两个电极，好比0和1，这就形成了所谓逻辑电路，可以实现人类想做的事情。业内人士说，与其说芯片集成的是晶体管，不如说集成的是数理化。0和1、元素、电子、光子、光谱、阳极、阴极、栅极、半导体、晶体管、集成电路等等这些数理化概念，我们在初中、高中或者大学学习它们的时候，根本不会想到可以用来制作这么厉害的芯片。

支撑芯片制造的是基础研究，基础研究背后是基础科学，基础科学背后则是各级教育，都是没法马上见到功效的无用之用。但从长期来看，它决定一国和人类的发展前景。没有现代数学和物理学，就没有汽车、火车、飞机、电视机、手机、计算机和互联网；没有化学，就没有化肥、农药、汽油、现代药物；而没有生物学的进步，就没有对生命和健康具有巨大保护作用的各种疫苗。

基础科学的作用是帮助人们认识自然界的规律，激发人类的想象力和创造力，带给人类更多可能。所以，庄子说："无用之用，方为大用。"这里的科学是自然科学，也包括一部分技术，即应用科学。

经济学不是自然科学也不是技术，而是社会科学，教人如何更好地认识社会，虽然名字里有"经济"二字，但和赚钱关系真的不大，也属于无用之用。

经济学虽然不能直接帮人赚钱，但可以帮人做出正确的选择。选择决定未来，韩信在项羽那里默默无闻，到刘邦那里就成了大将军。是萧何发现了韩信，韩信立即做出了正确的选择。不过话说回来，经济学这个关于选择的学问也许在不经意间真就帮你赚了钱，就如那些"无用"的数理化成就了芯片。

很多朋友小时候学过《两小儿辩日》，我没学过，是最近偶然看到的。两个小朋友一个说早上太阳离得近，一个说中午离得更近，谁也不服谁，正好孔子路过，就让他评判。孔子当然也不懂，于是圣人被小孩子耻笑。评判小儿之辩，需要区分地球的自转和绕太阳轨道的公转，答案是早上和中午太阳离我们一样远，这和直觉不一样。

经济学的道理也经常和人们的直觉不一样。因为经济学有其独特的思维方式，会和普通人的思维迥异，甚至相反，其分析结论经常不免令人拍案。学会经济学的思维方式，可以澄清长期以来对社会的错误认知，卸下很多一直以来的精神负担。这样就会少走弯路，增加快乐。对，经济学是一门让人快乐的学问。

孔子回答不了小孩子的问题不奇怪，那个时候，还没有人懂地球的自转、公转。但现代社会，经济是中心，经济学早已成为显学，也就是大学里最热门的专业之一，是社会大众都在谈论的学问。不懂一点经济学，不免与社会脱节。我知道很多人花时间健身、美容、旅游，喜欢唐诗宋词、琴棋书画、诸子百家、莎士比亚等等，但如果再懂一点经济学，别人就更觉得你是有趣的灵魂。经济学真的是很有趣的学问呢！

弄懂经济学的基本道理，不能光凭零碎地积攒，必得经过系统学习过程。书店和网购平台名为"经济学"的书很多，但我发现，一些书混杂了太多有关投资、财务、会计、企业管理的内容，这些都不属于正儿八经的经济学，虽然不是完全没关联。还有很多作者根据自己的偏爱组织内容，也不是系统完整的经济学。而本书不但传授原原本本的正宗经济学知识，而且是完整的主流经济学框架，和大学一年级经济学专业的课本仿佛。

可能一些朋友有所了解，经济学不同于社会学、法学、历史学等其他社会科学，它大量运用数学，比如微积分等工具。但不用担心，数学部分主要是拿来考学生的，理解经济学基本原理，不必非懂数学，只要有一颗积极进取的心就可以。本书略去了几乎所有数学内容，仅保留了几个几何图形和简单算式。当然学过高等数学的朋友，更容易理解经济学的原理。本书会让不同程度的人，读出不同的味道。

我一向追求深入浅出。"浅出"就是不故弄玄虚，用家常话把事情说透。但"浅出"是手段，"深入"才是目的。"深入"就是力图揭示被层层迷雾包裹着的深刻道理。同时具备深入和浅出两个特点，才是合格的入门书，我希望我做到了。

我也相信，看完这本无用之用的书，虽然表面上世界还是那样，但在你眼里已经不同，因为你的境界于不知不觉中提高了。

王福重
2023 年 3 月 10 日 于北京

第1讲 什么是经济学

一门让人幸福的学问
欲望无限
资源稀缺
计划和市场

经济学很特殊。本质上它是一门人文社会科学，着眼于人的行为。人的行为是多方面的，经济学只研究其中之一，即与物质利益相关的那一面。所以经济学是世俗的，凡夫俗子都有必要懂一点。因为人生、人的生活，基本内容就是有关物质利益的，包括生老病死、婚姻和家庭，甚至爱情。在方法或者形式上，经济学不但与人文科学的文学、史学、哲学不同，与社会科学的社会学、法学也有很大差异，经济学广泛使用自然科学特别是数学方法，这使其看起来更像一门精确的科学。但不用害怕，不懂数学也完全能搞懂经济学的道理。

学经济学有什么用？经济学大师马歇尔说，经济学的目的，就是让人生更幸福。以我多年学习、研究、教授经济学的体会，这话很不错。

尼采说：人生没有目的，只有过程。我特别喜欢的《朋友别哭》这首歌的歌词也写道："看一看花花世界原来像梦一场，有人哭，有人笑，有人输，有人老，到结局还不是一样。"意思虽不错，但人谁不希望活得快乐一些呢？有一种说法说人活着就是受罪，这话给人泼冷水，不必同意。但活着就有烦恼、痛苦，却是实情，所谓"人生不如意者十之八九"。

痛苦的根源，在于欲望。无欲无求，就不会痛苦，但那是神仙，不是凡人。况且有时候，神仙还偶尔想过过普通人的日子，七仙女就是，她也羡慕人间的快乐。七仙女根本不存在，她的故事只在于说明，无欲无求之不可能。

美国社会心理学家马斯洛（1908—1970）把人的欲望分了层次，从低到高依次是生存、安全、情感、自尊和自我实现。欲望是无止境的，低层的满足了，马上就要更高层的，欲壑难填。

明朝朱载堉（1536—1611）曾作《十不足》，道尽人心不足蛇吞象。

> 逐日奔忙只为饥，才得有食又思衣。
> 置下绫罗身上穿，抬头又嫌房屋低。
> 盖下高楼并大厦，床前缺少美貌妻。
> 娇妻美妾都娶下，又虑出门没马骑。
> 将钱买下高头马，马前马后少跟随。
> 家人招下十数个，有钱没势被人欺。
> 一铨铨到知县位，又说官小势位卑。

一攀攀到阁老位，每日思想要登基。
一日南面坐天下，又想神仙下象棋。
洞宾与他把棋下，又问哪是上天梯？
上天梯子未做下，阎王发牌鬼来催。
若非此人大限到，上到天上还嫌低。

有人表面无欲无求，那是因为心中有更大的欲望，暂时压抑了较低的欲望。唐僧、孙悟空、猪八戒、沙僧师徒四人谁的欲望最大？直观是八戒，贪吃好色，但这只在马斯洛需要层次的第一个层次。沙僧在第二层和第三层次间，孙悟空也不过到第四层。这三个不是真实的人，是文学家编来揭示人性的。欲望最大的，恰恰是师父唐僧，他到了自我实现这一层，他是人，但想成佛，这个欲望比天还大，这是他拒绝漂亮的女儿国国王的原因。生活中，我们要远离唐僧这样的人，以免被无情伤害。

所谓痛苦，就是欲望未得到满足的状态。而人生无他，就是尽力满足欲望，减少痛苦，增加快乐。

世界上确有满足欲望的手段，它们还有个经济学名字：资源。

资源不是想要多少就有多少。比如每天的时间只有24小时，资源相对于人的欲望总是不足，这个状态叫稀缺。注意，稀缺不是绝对数量少，而是相对欲望来说显得少。"人生七十古来稀"，现代人的寿命已大为提高，但都希望更长寿。人类目前消费的90%的商品和服务，100年前根本不存在，但人类似乎仍嫌不足而想要更多。

任何人不论贫困、富有，任何社会不论发达、落后，任何时候不论过去、现在、将来，都有稀缺性问题，这是人类永恒之痛。

资源稀缺，不免引发三个问题。

第一，生产什么。

我们需要很多东西，但生产需要投入资源，资源却没那么多，所有东西不可能同时生产出来。这就需要做出决定，生产最想要的东西，放弃其他的，至少暂时放弃。这就叫"生产什么"。"生产什么"同时也是放弃生产其他的过程。

比如一个农民，只有1亩地，可以种玉米，也可以挖池塘养鱼，选择种玉米就要放弃养鱼。

再比如今晚首映的大片你期盼好久了，但明天期末考试，好多内容没弄清楚。这也是"生产什么"的问题，怎么办取决于看电影和考试过关哪个对你更重要。

第二，如何生产。

生产可用不同的方式，也就是不同的投入资源组合进行，而不是只有一种方式。北方农村收割小麦，可以用人力收割，也可以用收割机，如今是以收割机为主；把煤从山西运出来，可以用火车，也可以用大货车。每个人需要根据自己的实际，选择自己认为最好的方式。所谓"最好"就是最省。用飞机运煤技术上也可行，而且最快，但没听说有人这么干过。

第三，为谁生产。

这是分配问题。分配就是决定整个社会产出中，每个人占有多大份额。消费是生产的目的，生产出的东西，怎么分配到个人以供消费之用？这就是"为谁生产"。不管贡献大小平均分是一种方式，按照贡献大小分是另一种方式。以前人民公社时期，是"大锅饭"，按人头分粮食，勤劳未必能吃饱。实行承包制后，能得到多少粮食，看各自的本事，勤劳即能致富。也就是说，为谁生产取决于制度的安排。

三个问题合起来，就是著名的"资源配置"。

资源配置的目标是效率。《现代汉语词典》对"效率"的解释是，单位时间内完成的工作量。这是一个看得见、摸得着的实物概念，我们可以叫它技术效率，这也正是普通人头脑里的效率概念。

经济学说的"效率"，是帕累托效率。帕累托（1848—1923）是意大利经济学家。帕累托效率是资源配置的一种状态：要让某个人情况变得比现在更好，唯一的办法是让另外的人变糟，如果不让别人变糟，就不能让任何人变好。资源配置的目标是帕累托效率，不是技术效率。

为什么要追求帕累托效率？假设在目前状态下，可以在其他人的情况保持不变的同时，让某个人情况变得比以前更好，那就证明现在的状态不是最佳的，因为可以改进，这些改进叫帕累托改进。到了帕累托效率状态，要想让一个人变好，只有让其他人变糟才行，这个状态已经没有改进的余地，所以帕累托效率才是最佳的。帕累托效率不是实物而是价格概念。经济学唯一的效率就是帕累托效率，本书后续所说的"效率"，都是这个意思。

技术效率不是挺好的，为什么经济学要另搞一套，用帕累托效率这么奇怪的概念？因为经济学的效率更科学，是真正应该追求的目标。

还是上文提到的那1亩地，假如在现有技术下，种粮食最高可以产1000斤玉米，挖池塘养鱼最高可以收获3000斤鱼。不论种粮食还是养鱼，农民的实际产量均可达到最高水平，在这两种情况下，他都达到了技术效率。但我们无从判断，他干什么最合适，似乎种粮和养鱼没区别。

得把价格考虑进来。假如我们知道所有投入品（如劳动力和土地租金等）的价格和产品（玉米和鱼）的价格，就可以计算出两种生产的利润（即收入减去成本。具体什么是利润，以后再详说）分别是800元和1200元。虽然种粮食也达到了技术效率，但有改进余地，改为养鱼赚钱更多，这就是帕累托改进，因为原来的800元利润还在，又增加了400元。但养鱼就没有改进余地，不可能赚再多，是有帕累托效率的选择。这也说明，有技术效率不一定有经济效率。

但如果达到帕累托效率，一定就同时实现了技术效率。如果没有技术效率，比如只收获2500斤鱼，产量没达到最大，就有改进余地，就不可能实现帕累托效率。所以技术效率是经济效率的必要条件，是经济效率的应有之义。正因为经济效率已经包含技术效率，它就比技术效率更科学。

资源配置应该以经济效率为目标。经济效率，说白了，就是人尽其才、物尽其用。

资源配置是人类的永恒难题，那人类发现了哪些资源配置的手段呢？

迄今，主要是计划和市场。

计划经济，通过计划配置资源。政府建立计划机构，由它发出生产什么、如何生产和为谁生产的指令，社会各部门照做。名义上虽然也存在价格，但并非真正意义的价格，不过是核算的工具，资源配置功能十分有限。企业不追求利润最大化，也没动力创新产品和技术。个人收入和消费很大程度上是配给（也属于计划的一部分）决定，货币不一定能买到东西，经常还得配合各种票证（如粮票，粮票是1993年才取消的）才行。当然，没有完全意义上的计划经济，中国改革前的农村也有自留地，但仍是以计划机制为主。

市场经济，是用市场机制，也就是价格机制配置资源。企业根据消费者在市场上发出的价格信号，独立地组织生产。市场经济以企业为主，个人收入主要由市场决定，政府一般不干预企业决策。当然也不存在完全意义上的市场经济，以美国为例，也是混合经济，即市场机制和政府政策共同决定资源配置，只不过以市场机制为主。

计划和市场谁更优，历史上曾存在激烈争论。现在这样的争论很少了，因为市场经济的效率大大高于计划经济，已成共识。这是实践和对照的结果。中国1978年底开启的改革所取得的历史性巨大成就，就是最好的证明。虽然开始不叫市场经济，而称有计划的商品经济、计划经济与市场调节相结合、国家调节市场、市场引导企业等等，但改革就是从计划经济走向市场经济，是市场取向的。到了1992年，明确提出经济体制改革的目标是建立社会主义市场经济体制。

中国的改革开放是从农村开始的，那里被温饱问题困扰了几十年，也想尽了各种办法，机械化、兴修水利等等，但效果并不尽如人意。家庭联产承包责任制只实行了一年多，就解决了人们的吃饭问题。改革前，农民对种地完全没有自主权，而且干多干少年底分成都一样，积极性早就磨没了。而家庭联产承包责任制利用了市场机制，让土地承包经营权归了农民家庭，除了交农业税（2005年取消），剩下的粮食都是自己的。农民的积极性和创造性一下子就起来了，发生了从为没粮食吃发愁，到为粮食太多怎么卖出去发愁的戏剧性变化。

这就可以看出，计划经济和市场经济的最大区别是有没有激励机制，能不能调动人的积极性。为什么计划经济没有激励或者逆向激励而市场经济能激励人呢？一句话：计划经济漠视个人利益，市场经济则尊重个人（包括企业）利益。

很多人知道"看不见的手"这个说法，这是亚当·斯密在《国富论》里最早提出，而且就提了一次，后来的人们大为重视，可能是因为形象生动。

"看不见的手"指的正是市场。市场，简单说就是买方和卖方互动的场合。只要有买的、有卖的、有价格的地方，就有市场，而价格又是市场的灵魂，因为价格是人的利益所系，人的行为是利益诱导的结果。

为什么把市场叫作"看不见的手"？因为作为市场核心的价格，

这个利益所系，一定是所有参与市场的人相互作用形成的。比如鸡蛋的价格，是买卖双方讨价还价决定的。而在鸡蛋买卖双方背后，还站着更多的人：养鸡户、提供租赁土地的人、饲料供应商、收购运输商、批发商、菜市场管理者等等。但买鸡蛋、吃鸡蛋的人和背后这些人并不认识，互相看不见。陌生人之间共同行为以形成鸡蛋的价格，用了什么大家都能明白的语言？斯密说，肯定是一只无形的手。虽然无形，但却必定是实实在在的东西，如此才能把人们连接起来。这只手不是别的，正是人们各自的利益。所谓"无利不起早"（不是贬义），市场之所以存在，是由于参与的人均能获得好处。参与市场是不轻松的，还可能遭受损失，如果不是想到可能增加自己的利益，为何自讨苦吃？

市场能激励人们积极行动，就是因为利用了人重视自己利益的这个共通之处，靠每个人都能"听"得懂的这个"语言"来协调陌生人之间的行动，这就好比上网的陌生人能互相沟通，靠的是计算机中的算法语言。

学生最喜欢问定义，说了这么多，能不能给经济学下一个定义呢？经济学还真不好下一个能贯彻始终的定义。

经济学包括两部分，微观经济学和宏观经济学。它们非常不一样，能合起来共称经济学，是很奇怪的。微观经济学中的"微"是指个人（家庭）和企业，主要说明它们如何进行产量和价格决策，以实现利益最大化。微观经济学的核心是定价问题，所以也可以叫价格理论，在世界经济学重镇芝加哥大学，微观经济学这门课干脆就叫"价格理论"。而宏观经济学的"宏"是指经济整体，主要说明这个经济的总产量应该是多少、价格总水平如何稳定、如何降低失业率等。宏观经济学的核心是货币问题，所以也可以叫货币理论。价格和货币不是一回事，我们以后会说明。

可以说，微观经济学就是研究资源配置的科学，它认为资源是稀缺的。但宏观经济学就不是研究资源配置的，因为从宏观的角度看资源不是稀缺而是太多，经济萧条就是商品（相对）太多，通货膨胀就是货币太多，失业就是劳动力太多，它研究资源如何更多地被使用。

不过，微观经济学是经济学的基础，而且是唯一的基础，也可以说是唯一的主题曲。对经济学家来说，微观经济学的大部分结论是没有争议的，但宏观经济学领域，经济学家能取得一致的理论很少。所以，我们大体可以把微观经济学当作经济学。因此也可以说，经济学就是研究资源配置的科学。这就是经济学的定义。不过，等学到宏观经济学部分的时候，我们就得意识到除了资源配置，经济学也研究资源利用。

第2讲 经济学基本假设

伽利略的比萨斜塔实验
《镜花缘》里的君子国
斯密和司马迁
如何保护濒危动物
聪明人

各门科学之间的分野,在于假设不同,它们在各自假设下各管一段,假设就是各门科学成立的条件或者范围。牛顿的经典力学成立条件是物体的运动速度不能接近光速且质量不能太大,超出这个条件,牛顿的理论就不适用;而量子力学没有这个限制,因此经典力学仅仅是量子力学的特例,但量子力学也假定光速不变。所以科学并非现实世界本身,而仅仅是对现实世界的种种解释。

"现代科学之父"伽利略(1564—1642)在比萨斜塔的实验证明,[1] 物体的下落速度与重量无关,不同重量的物体下落速度相同。这就推翻了亚里士多德的物体越重下落速度越快的理论,该理论因为符合大众的直觉认知,从未被怀疑。但伽利略的理论成立却

---

[1] 也有人说伽利略并没有做过这个实验,第一个做类似实验的是一位荷兰物理学家。

是有条件的：没有空气阻力。如果同时往下扔石块和羽毛，肯定是石块先坠地。那这能否推翻伽利略的理论？不能。这个时候，有空气阻力，而且影响非常大，超出了伽利略理论的范围。但这更不能证明亚里士多德的正确，他的理论没说条件，意思是无条件，什么时候都如此。那么只一个反例即可推翻它，伽利略的实验就是反例。

经济学在什么时候成立？经济学研究人，需要对人的本性做出假设。人是最复杂的动物，人性本善还是本恶，哲学家们几千年都在争论。孟子说人性本善，人皆可以为尧舜；荀子却说人性本恶，善是装出来的。经济学不想参与这个命题的讨论。经济学家把人看作自利的，即在给定约束下，追求自身利益最大化。这是经济学对人的基本假设。它是经济学的基石，不同意这个假设，就不要学经济学。

所谓给定约束，是说人在追求自己利益的时候，不可能随心所欲，而是不得不受到种种客观因素，如时间、金钱、法律等的制约。

善恶是价值判断，不是事实判断。自利非善非恶，不是价值判断，而是事实判断。大多数人在大多数情况下的行为，符合这个假设，因此，该假设是可靠的。

韩非（约公元前280年—公元前233年）说："人无毛羽，不衣则不犯寒；上不属天而下不著地，以肠胃为根本，不食则不能活；是以不免于欲利之心。"[①] 人都要吃饭，不吃饭都活不成，遑论

---

① 语出《韩非子·解老》。

其他。而吃饭就是为自己好，是自利。

他还说："鳣似蛇，蚕似蠋。人见蛇则惊骇，见蠋则毛起。渔者持鳣，妇人拾蚕，利之所在，皆为贲、诸。"①平时害怕这些动物的人尤其是妇人，此时怎么就变得如此胆大？就因为持鳣和拾蚕对自己有好处啊！

市场上，买方追求价格低，卖方则喜欢价更高，不免就要讨价还价，讨价还价就是追求自己利益最大化，是为自己着想。但正因为如此，才有价有市，生产可以持续，生活可以如常。有人可能会说：如果不是这样，而是都为对方着想，生活岂不是更美好？

《镜花缘》给出了答案。第11回"观雅化闲游君子邦，慕仁风误入良臣府"，写唐敖路过君子国，看到了另类的讨价还价。

> 说话间，来到闹市。只见有一隶卒在那里买物，手中拿着货物道："老兄如此高货，却讨恁般贱价，教小弟买去，如何能安心！务求将价加增，方好遵教。若再过谦，那是有意不肯赏光交易了。"
>
> ……
>
> 只听卖货人答道："既承照顾，敢不仰体！但适才妄讨大价，已觉厚颜；不意老兄反说货高价贱，岂不更教小弟惭愧？况敝货并非'言无二价'，其中颇有虚头。俗云：'漫天

---

① 语出《说林》，贲、诸都是大力士。

要价,就地还钱。'今老兄不但不减,反要加增,如此克己,只好请到别家交易,小弟实难遵命。"

……

只听隶卒又说道:"老兄以高货讨贱价,反说小弟克己,岂不失了'忠恕之道'?凡事总要彼此无欺,方为公允。试问那个腹中无算盘,小弟又安能受人之愚哩。"

谈之许久,卖货人执意不增。隶卒赌气,照数付价,拿了一半货物,刚要举步,卖货人那里肯依,只说"价多货少",拦住不放。路旁走过两个老翁,作好作歹,从公评定,令隶卒照价拿了八折货物,这才交易而去。

在这个幻想的君子国,一切都反过来了。买家喜欢价高,卖家喜欢价低,都不追求自身利益,反倒为对方着想。如果没有旁边两个见过世面的老者(想必去过小人国。孔子说:"君子喻于义,小人喻于利。")帮忙,买卖根本做不成。做不成买卖,谁还敢继续生产?而生产如果中断,人可怎么活?

如果这时从小人国来了一个买家,要把货物全部白拿走,君子国的卖货人会怎么做?君子国的做法岂不正中他的下怀,他巴不得如此呢!或者此人是卖货的,寻常东西索要天价,买货的君子国人肯定趋之若鹜。不论怎样,小人一下子就消灭了君子,君子国也将不复存在,这难道不是它的宿命吗?

如此看来,自利反倒可能比为他人着想对社会更好?那么,看不见的这只手,或者说尊重个人利益的市场机制,如何保证实现这一点？很简单，靠竞争，正常市场里一定有竞争。俗话说，同行是冤家，冤家就是竞争对手。

沃尔玛（Walmart）是占据世界500强榜首次数最多的大企业。它是如何做到的？不过就是东西卖得比同行便宜罢了。注意，卖得比同行便宜和君子国追求价格低完全是两回事，前者是为了赚钱，后者却耻于获利。因为消费者是自利的，喜欢便宜，沃尔玛能为他们省钱，所以竞争对手的客户转到沃尔玛，沃尔玛以此做大。赚了钱的沃尔玛就有条件不断扩大领地，吸引更多消费者，最后成为世界第一。

沃尔玛的初衷，并不是为消费者省钱，卖得便宜是竞争的压力使然，不如此会被淘汰。换句话说，沃尔玛主观上是为自己好，是自利的，为此目的就必须卖得便宜，为消费者省钱。也就是沃尔玛在主观上为自己，在客观上必须为别人。这也是自利与自私自利的区别，后者任何时候都只想着自己。沃尔玛这样做的结果，是增进了全社会的利益。所以，它宣传的时候可能会说，其初衷就是为消费者省钱云云。这是倒果为因。

请看亚当·斯密论"看不见的手"的原话："在这场合，像在其他许多场合一样，他受着一只看不见的手的指导，去尽力达到一个并非他本意想要达到的目的。也并不因为事非出于本意，就对社会有害。他追求自己的利益，往往使他能比在真正出于本意的情况下更有效地促进社会的利益。"[1]

---

[1] 《国民财富的性质和原因的研究》，郭大力、王亚南译，商务印书馆，1974年第1版，下卷，第27页。

这不就是沃尔玛的真实写照吗？而司马迁（公元前145或公元前135—不可考）在《史记·货殖列传》中，把利用人的自利之心，看成道的表现。他说："此宁有政教发征期会哉？人各任其能，竭其力，以得所欲。故物贱之征贵，贵之征贱，各劝其业，乐其事，若水之趋下，日夜无休时，不召而自来，不求而民出之。岂非道之所符，而自然之验邪？"

这段话的大意是：难道需要政令动员人们如期集会吗？人们各以自己的才能行事，竭尽自己之力量，以此来满足自己的欲望。因此，价钱低廉就寻更贵的地方卖，价钱昂贵就换更便宜的地方买。各自勤勉且致力于本业，耽于自己的工作，如水向低处流，日日夜夜永无休止，他们不待召唤自己就赶来，物产不须官府征求，百姓们自己就生产出来。这就是自然和道啊！

沃尔玛的事实和君子国的传说，都是对这段话的注释。

我在上文说过，讨价还价、追求自利的市场经济优于计划经济，根本原因在于市场机制尊重个人（包括企业，下同）利益，而计划经济经常自觉地漠视个人利益。而中国从计划经济到市场经济的改革，也正是从尊重个人利益开始的，如农村土地承包制、给城市企业经营自主权、城乡个体经济和私营经济、奖金制度都是尊重个人利益的举措。邓小平在《解放思想，实事求是，团结一致向前看》这篇著名讲话中说："不讲多劳多得，不重视物质利益，对少数先进分子可以，对广大群众不行，一段时间可以，长期不行。"[1]

---

[1] 见《邓小平文选》（第二卷），人民出版社，1983年第1版，146页。

但是，人类的利他行为也是普遍存在的，经济学又如何解释呢？

大部分利他行为，包含自利成分。比如父母爱子女，爱的是自己的子女，不是别人家的孩子，他们和子女是利益共同体，这实际上并不是利他，而是自利。也因此，在经济学里，个人和家庭是同一个概念，不做区分。

还有的利他是表象。在没追到手前，有的男生对女生极尽讨好之能事，追到后立马变了一副嘴脸。此前的讨好是利他吗？生活中的欺诈多从施小恩小惠开始，但以占尽对方便宜结束，施恩就是利他吗？俗话说，事出反常必有妖。遇到对自己太过热情的人要警觉，无缘无故的爱和恨都是反常，要多问几个为什么。

但必须承认，世界上确实有一部分人，尽管不多，就是喜欢帮助他人，可以叫"损己利人"。他们是高尚的，让世界变得更温暖。在孟子看来，这是人之初就有的本善的表现，"恻隐之心，人皆有之"。经济学对此的解释是，他们的偏好结构异于他人，后者是事情于己有利才高兴，而高尚之士则是事情于人有利也欣然，甚至更快乐。如果问那些做好事的人士为何要这么做，他们的回答往往是：喜欢这样做，做了好事后自己更开心。这是肺腑之言。

但另一方面，有人做好事，就有人得利或占便宜，无人得利，好事就做不成。得利的人要有感恩之心，倒不一定是滴水之恩涌泉相报，但不能忘恩负义，这当为做人之底线。这样可以形成正向激励，让更多的人愿意做好事，这个世界才会更美好。

自利分两种，一种是不损人而利己，对自己好又不害别人。

陈独秀说:"个人自爱心无论如何发达,只要不伤害他人生存,没有什么罪恶。"另一种是损人利己,是不好的。不过也要看程度,不严重的话,大体可以原谅。比如《灰姑娘》的故事中,继母对灰姑娘不好,是损人利己,但不能说她就是坏人,她属于人群中的多数,只是更爱亲生女儿罢了。换了我们,大概也不会把灰姑娘打扮得更漂亮去参加王子的舞会,而更可能也是让自己的女儿去。但损人程度如果严重,便不可原谅,这样的人是坏人。

但损人利己的人不是最坏的,毕竟做坏事是为自己好。最坏的是损人不利己的人,而这世界上真就有希望他人痛苦且以此为乐的人,有时候为了让别人痛苦,宁愿付出很大代价,他们是邪恶的。比如暴露别人隐私,让别人难堪,自己的声誉也受损,就是损人不利己。

在所有人的利益关系中,最好的一种上边都没提,这就是利人又利己。

那么,有没有一种制度安排,能保证利人又利己又可以持续?在人类发明的所有制度中,有且只有一种能做到这一点,那就是市场经济。市场是一种自愿的、独立的或者说是分散的交易安排,是用自己拥有的东西与他人的东西相交换,一般能同时增加双方的利益,极端情况是一方有好处而另一方没好处也没坏处,这是因为交易是自愿的,没有强迫,没好处完全可以不参与。也正因为是双赢,所以是可以持续的。

我们再看看动物保护的例子。"没有买卖就没有杀害",是著名的环保主义口号,固然有些道理,但没有买卖不一定就利于动物保护事业，而有买卖可能从某种角度来说更利于保护动物。

非洲象在整个非洲大陆是濒危动物，但南部非洲却是另外一番景象。目前在博茨瓦纳、津巴布韦和纳米比亚三个国家，生活着20多万头非洲象，占全部种群的约60%。南部非洲环境并不优越，非洲象在此不濒危的主要原因是，与其他地区严格限制狩猎不同，这三国可以合法狩猎，当然需要付费。不让狩猎，大象的生死与附近村民无关，没人会想办法保护它们。而政府要真正保护好大象也难，因为大象流动性大、保护费用高昂，不是这些并不富裕的国家能承担的，偷猎、杀害根本就制止不住，于是大象种群不断萎缩。如果允许有偿狩猎，收益归村民，情况就立即不一样了。村民们一定会想出各种办法把象群守护好，让象群越来越大，有源源不断的象可猎，否则就没钱可赚。具体是什么办法，我不知晓，但一定是有的。

全球每年要杀掉几十亿只鸡，为什么鸡不濒危？很简单，因为喜欢吃的人多，养鸡可以赚钱。杀的再多，也没有新饲养出来的多。都不吃鸡，没有买卖了，鸡倒可能真会濒危。

经济学家不争论人性是善还是恶，假定人在给定约束下追求自身利益最大化。追求利益最大化就是所谓的理性。市场就是因势利导，利用人的理性为人类造福。理性就是不考虑感情因素，而只在乎现实后果，有时人会赌气不吃饭，赔本赚吆喝，伤害亲人，但经济学提醒他们，这不是理性行为，不符合自己的根本利益。

经济学不但假定人自利，还假定人追求利益的最大化。理性的人做任何事情，本质上都是对自己拥有的资源所做的配置，而资源配置的目标是帕累托效率，如果没有实现利益最大化，就没有达到帕累托效率。

而经济学要告诉我们的是，如果一个人是理性的，想追求利益最大化，他应该怎么做。当然，如果人不是理性的，经济学不会为他们提供任何有价值的答案。在这个意义上，经济学的研究对象只是那些追求幸福和快乐的人、追求利润目标的企业、追求长期福利改进的国家。根本而言，经济学研究的是聪明人的行为。

第3讲 消费者

> 主观的效用
> 边际效用递减
> 需求曲线
> 五袋谷物的故事
> 花钱的原则
> 为什么物以稀为贵
> 水和钻石之谜

人人都是消费者，没有例外，没钱的话借钱也得消费。消费的目标是什么？经济学家认为是效用最大化。根据经济学的基本假设，每个人都追求自身利益最大化。对消费者来说，利益最大化，就是效用最大化。

效用，是正式学习经济学碰到的第一个概念。无论买的什么商品，它们的共同特征是，让人获得满足感。效用就是对满足感的度量。

效用当然是有用，但不是客观的有用，而是主观的有用。客观有用的当然会买，牛奶是很多人早餐的标配，因其包含人体必需的蛋白质，是客观的有用。有人认为牛奶没用，但不能否定牛奶有用的客观事实。而钻石，基本没有实在用途，但似乎人人都爱，尤其是女士。富裕的买大钻戒，钱少的省吃俭用也买个小的。

因为钻石带给人满足感,满足的是人的心理需求,这属于主观的效用。

效用是主观的,也就是认为有就有,认为没有就没有。我从小喜欢《唐诗三百首》,买过不同出版社的多个版本,它带给我快乐和满足,这是它对我的效用。我不喜欢武侠小说,从没买过也没读过金庸先生的作品,所以它们对我没效用,但据说全世界有华人的地方就有金庸先生的拥趸,"飞雪连天射白鹿,笑书神侠倚碧鸳"。金庸的作品给他的粉丝带来极大的满足,对他们就有效用。

效用没有单位,但这并不妨碍分析问题,真有单位倒是个麻烦。

对同一个东西,即使都认为有效用,不同的人效用也不尽相同。鲁迅说在《红楼梦》中,经学家看见《易》,道学家看见淫,才子佳人看到缠绵,而革命家看到排"满"(指清朝)。谁的效用大谁的效用小,无从比较。

但同一消费者对同一种商品的效用是可以比较,或者说是可以排序的,这是人有智识的缘故。拿吃烧饼来说,吃两个的满足感大于吃一个的,吃三个大于吃两个的等等,吃得越多,总的满足感或者总效用越大。但在感觉上,第二个没有第一个好吃,第三个没有第二个好吃,以此类推。新增加的那个烧饼的效用是不断减小的,这叫边际效用递减。

边际效用递减,是著名的经济学规律。边际就是新增加的那1单位商品,习惯上叫最后增加的1单位商品。只消费1单位商品,它本身就是边际;总共消费2单位商品,那第2个是边际;总共消费 10 单位商品，那第 10 个是边际；等等。边际效用是边际商品所带来的效用。①

我对吃要求不高，觉得成都锅盔就很美味，它对我很有效用，而有的朋友就不喜欢，锅盔对他们就没效用。我每年都在成都小住，常去春熙路那儿吃锅盔，最多一次吃了 6 个，吃撑了。第 6 个的效用，也就是边际效用几乎是 0。吃到效用为 0 以后，肯定就不会再吃了。因为根据边际效用递减规律，下一个的效用是负数，吃了满足感反倒下降。

聪明的读者会发现一个问题，开始吃第 6 个的时候，我的效用应该不是 0，而是吃这个锅盔的最后一口效用才是 0，甚至吃最后一口效用也未必是 0，而是要么还差一点到 0，要么已经是负数，说吃最后一个的效用为 0 是不准确的。说得有道理！这就是为什么要用边际的概念，边际的意思是任意小，现实中一个锅盔太大了，不可能做到吃一个边际效用为 0。尽管如此，吃锅盔也是边际效用递减的过程。注意，每个锅盔几乎没任何差异，让它们产生差异的，是我们的主观态度，因此，边际效用递减是一条心理定律。

喜新厌旧，就是边际效用递减的表现。小孩子昨天闹着买的玩具，今天已经对它没兴趣，又缠着家长买别的。成人没小孩子这么夸张，但本质上没差别，喜欢新奇的东西，是人性的一部分。比如初见一个漂亮女生，男生欣喜非常，争相讨好，但慢慢地也

---

① 边际就是微积分中的导数。自变量非常小的改变 dx，引起因变量的改变 dy，两者的商 dy/dx 就是导数。注意：x 非常非常小，趋于零。

就淡了，就去找其他女生献殷勤了。

边际效用递减，并不是经济学家的发明，而是借用。它虽不能进行严格的数学证明，但描述的现象普遍存在，反例难找，因此接受这个规律是安全的。证明它正确的任务，就交给心理学家、社会学家和神经生理学家好了。经济学家只管把它当作公理使用。记得"公理"这个说法吗？就是显然正确不用证明的命题或者假设。就好比平面几何中，两点之间的连线中直线最短就是一条公理。

边际效用递减这一心理定律，对人类正常生活是一种保证。如果边际效用不是递减而是不变，下一个锅盔或者烧饼永远和上一个一样好吃，那就吃起来没完没了了，必得撑死。如果效用不是递减，也不是不变，而是递增，那就更可怕。好比男生喜欢女朋友一日胜一日，最后一定陷入极度癫狂。幸亏边际效用递减，这个世界才安澜。

花钱购物就为获得效用，或者说是用钱交换效用，消费者愿意为效用大的商品支付的价格高，对效用小的愿意支付的价格就低。而边际效用递减，意味着第一单位的效用最大，愿意支付的价格 P_1 最高；第二单位效用次之，因此愿意支付的价格 P_2 亦次之；第三单位又次之，愿意支付的价格 P_3 又次之；等等。以上规律如图 3–1 所示。

图 3-1　需求曲线

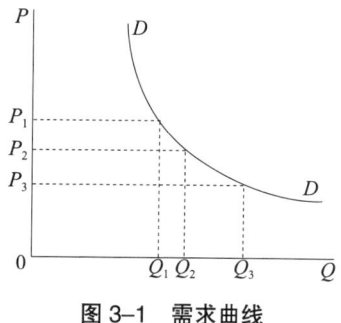

这是初中学过的平面几何图，横轴是商品数量用 Q 表示，纵轴是商品价格用 P 表示，价格和数量通过边际效用联系起来，而且是一一对应关系。这就是著名的需求曲线。需求曲线 DD 必定向下倾斜，务必记得这条规则。

一个重要问题来了：假如消费者愿意为第一单位支付 100 元，为第二单位支付 80 元，为第三单位支付 60 元，为第四单位支付 40 元，为第五单位支付 20 元，这是因为边际效用递减。那一次买 5 单位商品，需要支付多少？是加起来的 300 元（100+80+60+40+20=300 元）吗？

不需要这么多，每单位商品都按第五单位，即边际的 1 单位价格付款，即按每单位 20 元，共支付 100 元（20×5=100 元）即可！

是不是出乎意料？但何以如此？鼎鼎大名的奥地利学派经济学家庞巴维克（1851—1914）用一个简单例子，精彩地解释了背后的道理。

他说，有个农民，某年收获了 5 袋谷物，用途安排是：第一袋用来做饭维持生存,第二袋用来增强体力和精力,第三袋用来养家禽吃肉,第四袋用来酿酒喝,第五袋用来养鹦鹉解闷。显然,这5袋谷物的用途是按重要性从高到低排列的,效用也是从大到小的,我们可以将其分别标记为20、18、15、12和10。

注意,效用和价格本不是一回事,但它们是正相关的,效用低的对应的价格低,效用高的对应的价格也高,所以本质上又是一回事。

庞巴维克问:如果这位农民丢了一袋谷物,效用损失几何?这取决于农民想放弃哪种用途。丢一袋,他不会不吃饭、不增强体力和精力、不吃肉、不喝酒,只会放弃养鹦鹉,损失的效用就是养鹦鹉给他带来的快乐和满足,这个效用是10。

但是,5袋谷物毫无差别,养鹦鹉的那袋并非5袋谷物中特定的某一袋,可以是其中任何一袋。而最后一袋他只愿意支付20元,那其他4袋的价格也是20元,一共只需要支付100元!

这个问题,如果是你,会怎么想?得出什么样的结论?庞巴维克这一问,指向了边际效用,然后利用每袋谷物完全一致的常识,得出了令人惊异又信服的结论。思维方式是不是很重要呢?

记住,是边际商品的效用决定人们对所有商品的支付意愿,有人将这一理论称为"狗尾巴摇动狗身子"。

问题继续。假如这位农民又丢了一袋谷物,他要放弃哪种效用?对,是喝酒,对应的效用是12,对应的价格是40元。如果买4袋谷物,那就按第四袋的支付意愿支付,共160元(4×40=160元)。

以此类推:买3袋只需要支付180元(3×60=180元);买2

袋只需要支付160元（2×80=160元）；买1袋当然就支付100元。

啊？买5袋和买1袋的价钱是一样的？买4袋花的钱不比3袋和2袋多？这可能吗？

中国人说，物以稀为贵。为什么物以稀为贵？就是因为边际效用递减。反过来，物以不稀为贱，多了就得减价，买5袋和1袋价钱一样完全有可能。当然，我们这是理论上的推算，与实际情况有出入，但道理无疑是正确的。

我们还常说"谷贱伤农"。请问谷什么时候贱？大丰收的时候。大丰收后，人们每天吃的粮食几乎不会增加，而粮食太多，卖粮食就难了，粮价就得大跌，农民的收入还不如以前不丰收的时候多。注意，此时因为需求曲线向下倾斜，价格下降后农民卖出的粮食增加了，但出售每单位粮食获得的收益，也就是价格下降的幅度，大大高于销量增加的幅度。

相反，如果粮食严重歉收，人们每天吃的粮食量几乎是固定的，但粮食太少，很难买到，粮价必将上涨，农民的产量少了，收入反而会增加。注意，此时还是因为需求曲线向下倾斜，价格提高后农民卖出的粮食减少了，但出售每单位粮食获得的收益，也就是价格上升的幅度，大大高于销量减少的幅度。这时候就是"谷贵伤市民"，他们得多掏钱买粮食。但不管丰收还是歉收，粮食就是那个粮食，颗粒构成照旧。其价格不同，在于是否稀缺。稀缺影响效用，效用影响价格，如此而已。

现在，该说说消费者如何实现效用最大化了。掏钱买东西简单，但实现效用最大化，却不简单。微观经济学的一项任务就是研究消费者如何聪明地花钱。

消费者面临两个现实约束。第一，不只消费一种商品，而是同时消费多种商品。要是只消费一种商品，那把所有钱都买它就好了。消费多种商品，就要同时决定每种买多少，相当于解包含多个变量的联立方程组。第二，收入是有限的。如果钱无穷多，即使买多种商品，不过就是闭着眼买，直到每种商品的边际效用都是0。但钱不可能无穷多，即便有钱如马斯克也不能这么任性。马斯克不仅要投资特斯拉，运营推特，还要为SpaceX去火星造火箭，用于消费的钱也不是无限制的！更不用说家长们每天在给孩子报学习班和换新洗衣机之间做取舍的烦恼了！收入有限的假设，对应的是经济学的资源稀缺假设，基本假设要贯穿微观经济学的始终。对消费者而言，收入有限就是资源稀缺。尤其是我们考虑某个时期的收入时，这个假设更符合现实。微观经济学研究资源配置，在消费者这一部分，研究的是消费者如何配置有限的收入。

既然消费就是用货币换商品，消费者效用最大化问题，就是如何把钱分配给每种商品。这相当于说，把有限的收入资源配置给不同商品，以实现最大效用。

我们再简化一下，消费者只购买和消费两种商品A和B。这样分析起来比较简单，但得出的结论，也适用消费多种商品的情况。

先说结论：投给A和B的最后1元钱[①]的效用相等，消费者

---

① 严格说，是最小的货币单位，比如1分钱。此处将问题简化处理。

的效用就达到最大化。这是充分必要条件。也就是只要满足这个条件，效用就实现最大化；实现了效用最大化，就一定满足这个条件。

为什么呢？如果买 A 花的最后 1 元钱获得的效用（比如为 10），高于买 B 花的最后 1 元钱获得的效用（比如为 8），那把买 B 的这 1 元钱拿去买 A，买 A 增加的效用（比如为 9.5，不再是 10，因为边际效用递减，下同）大于不买 B 减少的效用，消费者获得的总效用增加；如果买 A 花的最后 1 元钱获得的效用（比如为 10），小于买 B 花的最后 1 元钱获得的效用（比如为 11），把买 A 的这 1 元钱转拿去买 B，买 B 增加的效用（比如为 10.5）大于不买 A 减少的效用，消费者获得的总效用也增加。只要买每种商品花的最后 1 元钱获得的效用不相等，类似的调整就能增加总效用，直到二者相等，总效用达到最大。

这也可以解释，为什么一直买一种商品，直至其带来的边际效用等于零是不理性的，因为这样做不如把一部分钱转而购买其他商品所产生的总效用多。

最后 1 元钱的效用是什么意思？

边际效用是最后 1 单位商品的效用，价格就是投给最后 1 单位商品的钱。最后 1 元钱的效用，就是商品的边际效用除以该商品的价格。

投给 A 和 B 的最后 1 元钱的效用相等，就是：

$$\frac{A \text{ 的边际效用}}{A \text{ 的价格}} = \frac{B \text{ 的边际效用}}{B \text{ 的价格}}$$

现在我们看一个有趣的问题,水和钻石之谜:水很有用(客观的有用)但特别便宜,钻石没什么用可是很贵。这个问题连亚当·斯密到最后也没弄明白!是19世纪70年代,边际效用概念提出后才解决的。边际效用的提出把经济学的研究水平提高了一大截,因此叫边际革命。英国经济学家斯坦利·杰文斯、法国经济学家瓦尔拉斯和奥地利经济学家门格尔,是边际革命的"三杰"。

在同时买水和钻石的情况下,要让效用最大化,就得保证:

$$\frac{\text{水的边际效用}}{\text{水的价格}} = \frac{\text{钻石的边际效用}}{\text{钻石的价格}}$$

水太多了,根据边际效用递减规律,水的边际效用(不管用什么单位)很小,于是公式左侧分子很小。钻石太稀缺了,钻石的边际效用很大,于是公式右侧分子很大。必须让左侧的分母远小于右侧,即水必须低定价而钻石必须高定价,等式才成立。

水和钻石之谜,也是物以稀为贵,这是经验之谈,虽司空见惯,但解释起来就不那么简单了。从亚当·斯密开始提出这个问题,到最后解释清楚,用了一百多年时间。没有边际效用和边际效用递减规律的提出,这一问题到今天恐怕还是未解之谜。

以上说的是两种商品,如果是更多商品,效用最大化的充分必要条件就是:购买每种商品的最后1元钱的效用都相等。所谓聪明的消费者，就是头脑里有这根弦的人。比如吃自助餐，就是每样都吃点，让它们的边际效用相等。这时资源就不再是钱，而是你的胃，胃的容量有限，它是稀缺的。经济学并不只是研究经济问题，而是可以为任何想实现利益最大化的决策者提供参考。

当消费者实现了效用最大化，就没有改进余地了，也就是实现了消费者资源配置的帕累托效率。

经济学的原理是一些原则，对于这些原则，有时候我们也有一些模模糊糊的感知，而经济学用清晰的概念和逻辑，确立了这些原则的正确性。按照这些原则行事，就能少犯错误，达到更合意的结果，提高幸福指数。

第 4 讲 厂商①

---

① 企业和厂商差不多是一个概念,经常混用,但厂商的范围更大。

利润最大化
边际产量递减
边际收益等于边际成本
经济成本和会计成本
经济利润只出现在一个场合

好多人羡慕企业主、老板，觉得他们有钱、风光。这些人只知道企业家光鲜的一面，却不了解他们背后辛苦的另一面。看了以下内容，你可能不会再羡慕他们。

厂商是生产产品和服务（简称产品，下同）的组织，目标是利润最大化。厂商可能是公司，也可能是合伙企业、私人企业、农户，凡独立的生产者都是厂商。生产是把投入转化成产品的过程，投入包括土地、劳动力、资本以及企业家才能四种，这些投入叫生产要素。土地指自然资源，资本就是机器设备，企业家才能就是企业家创新和管理企业的能力。当然不一定每次生产都需要四种要素共同投入，但至少得使用一种。实际上，企业投入资源进行生产，就是在进行资源配置，是微观经济学资源配置问题在厂商的具体化。资源是稀缺的，厂商能投入的各种资源也是有限的，所以才需要配置。而利润最大化是经济学基本假设在厂商领域的具体化，也是资源配置的效率目标在厂商的具体化。效率就是经济效率，或者帕累托效率。

利润怎么算？利润＝总收益－总成本。其中，总收益＝总产量×产品价格，而总成本＝∑每种要素×要素价格。

先考虑最简单的情况，投入品的价格和产出的产品的价格都是已知的，企业家只需要决定投入多少要素、生产多少产品。不用定价，这就少了一大烦恼。

要实现帕累托效率，首先就要实现技术效率。对厂商来说，一定量的要素投入，可对应大小不同的产出。如果员工偷懒，或者设备维护不当，产出就不会达到最大。但要实现利润最大化，实现经济效率，就必须让产量达到最大，也就是实现技术效率。没有技术效率就一定不能实现帕累托效率或者经济效率。但我们也知道，光有技术效率，不一定能实现利润最大化。

以生产粮食为例，假定生产只需要两种投入：土地和劳动力。而土地规模在短期内是不变的，这叫固定因素。这时要做的投入决策是雇用多少劳动力，劳动力是可变要素，并不是投入的劳动力越多，产量就越大。如果1亩地上投入1000人，拥挤在一块，不但互相影响，恐怕连地都踏平了，粮食产量直接归零。

为什么？经济学里有一个关于产量的著名定律——边际产量递减，可以解释这个现象。开始阶段，随着劳动力的增加，粮食总产量也增加，2个劳动力比1个带来的总产量大，5个比4个带来的总产量大，等等。但仔细观察就会发现第二个劳动力带来的产量没有第一个多，第三个没有第二个多，以此类推。比如只雇 1 个劳动力总产量是 800 斤，雇 2 个劳动力总产量是 1200 斤，则第二个劳动力带来的产量只有 400 斤。同理，第三个、第四个、第五个劳动力的产量贡献分别只有 200 斤、100 斤、50 斤。假如劳动力增加到 100 个，第 100 个人的贡献是 0 斤，雇不雇这个人总产量都是一样的。从第 101 个劳动力开始，增加的产量就是负数，总产量就不再上升，而是开始下降。因此，起码第 101 个人是不会被雇的。

边际产量递减以致负数的原因又是什么呢？就是当存在土地这样的固定要素的时候，它和可变要素劳动力之间有一个最佳的数量关系或者叫配比，这是一个界限，在此之前，边际产量可能是递增的。比如烤鸭子，假设烤炉和工人的最佳配比是 3：1，1 个工人 1 小时烤 2 只鸭子，2 个工人 1 小时烤 5 只鸭子，3 个工人 1 小时可以烤 9 只鸭子。边际产量是递增的，从第一个人到第三个人的边际产量分别是 2 只、3 只、4 只鸭子。这是因为人多了之后，可以分工。分工，简单说就是每个人只干一件事，一个人专门负责把鸭子拔毛、摘干净，一个人专门负责案板，即处理鸭子的内脏，一个人专门负责烤。分工能提高技术效率，促成边际产量递增。但递增不是必然出现的现象，很可能从开始就是递减的，就如我前文举的种地的例子。对烤鸭子来说，虽然开始阶段边际产量递增，但不要着急，只要过了烤炉和工人的最佳配比点，就会出现窝工，也就是排队，大家等待拔毛、做案板、烤鸭子，技术效率就下降，边际产量就开始递减。比如第四个人的边际产量是 3 只，第五个人是 2 只，第六个人只有不到 1 只。递增不是必然，而递减或早或晚一定会出现，是必然的，不可避免的。

边际产量递减，也是公理。说起来复杂，但并不难理解。如果边际产量不是递减，而是不变，每个劳动力都能产 800 斤粮食，一亩地就能生产出全世界人吃的粮食，只要不断投入劳动力就可以做到。如果边际产量不是递减，也不是不变，而是递增，那就连一亩也嫌太多，半亩都不用，就能养活全世界的人。这很荒唐，不可能是真的，递减才是真实世界的样子。

话说回来，什么情况下有利润，什么时候就没利润呢？利润是总收益和总成本的对比。收益是简单明摆着的，成本就复杂些。

先看总成本。总成本包括两部分：固定成本和可变成本。固定成本是与产量无关的成本，产量为 0 时的总成本就是固定成本。例如，房屋租金就属于固定成本，不管是否生产、产量多少，都得付房租。可变成本随产量变化而变化，劳动力成本就是可变的，产量是 0 可变成本就是 0，产量增加了，可变成本也要增加。雇 1 个人发 1 个人的工资，雇 100 个人就得给 100 个人发工资。

比总成本更重要的是平均成本，它是总成本除以总产量：

$$平均成本 = \frac{总成本}{总产量}$$

$$= \frac{总固定成本 + 总可变成本}{总产量}$$

$$= \frac{总固定成本}{总产量} + \frac{总可变成本}{总产量}$$

$$= 平均固定成本 + 平均可变成本$$

为什么平均成本比总成本还重要？因为，总收益＝总产量×产品价格，总成本＝总产量×平均成本，所以，利润＝总收益－总成本＝总产量×（产品价格－平均成本）。产品价格是已知的，知道了平均成本，就知道会不会有利润：产品价格大于平均成本就有利润，否则就没有。

但即使知道了这个道理，我们还是不知道应该生产多少产量。而所谓生产多少，就是生产在哪里截止，最后1产量单位是哪个。

做这个决策，经济学家用的是边际方法：比较边际收益和边际成本。

边际成本，就是再增加1单位产量所需要追加的总成本：

$$边际成本 = \frac{总成本变化量}{总产量变化量}$$

公式的意思是用增加的成本除以增加的产量，结果不就是增加1单位产量需要增加的成本嘛！注意，边际成本是两个增量的比率，所有边际概念都是如此，不是总量的比率而是增量的比率。

边际成本和固定成本没关系，只和可变成本相关。因为边际成本是再增加1单位产量，需要追加多少总成本，但固定成本和产量无关，想要增加1单位产量，不必追加固定成本，只需要追加可变成本。当然，这不是说增加的1单位产量里没有固定成本——里边当然有，只是这部分成本不变化，因此与边际成本无关，边际成本是总成本的变化值，变化的成本只是可变要素的成本。在种地的例子中，边际成本就是需要追加的劳动力成本，不包括土地成本。

边际成本的特征是递增,也就是后 1 单位产量的总成本大于目前这 1 单位的总成本。这是因为边际产量递减。边际产量递减反过来的意思,就是为了再增加 1 单位产量,所需要增加的劳动力越来越多,假定劳动力价格不变,劳动力越多,可变成本就越多,尽管固定成本不变,总成本或边际成本还是增加了。

边际成本和平均成本的关系是,边际成本决定平均成本的变化方向:如果边际成本小于平均成本,则平均成本下降;如果边际成本大于平均成本,则平均成本上升。举例说,如果一个班同学原来的平均身高是 160 厘米,此时,新来了一个同学,他的身高是 170 厘米,则这个班新的平均身高将上升,将大于 160 厘米;如果新同学身高 158 厘米,则这个班新的平均身高将低于 160 厘米。新来同学的身高就是边际身高,边际身高决定平均身高。这也符合我前边提到过的"狗尾巴摇动狗身子"的谚语,它说的就是边际因素的重要性。

再看边际收益。边际收益是增加 1 单位产量所增加的总收益,即 $\frac{总收益变化量}{总产量变化量}$。边际收益也是边际因素,凡是"边际",一律是两个变量变化量的比率。如果边际收益大于边际成本,最后 1 单位产量有利润(和整个生产过程有利润不是一回事),那就应该继续生产下一单位。如果边际收益小于边际成本,生产这 1 单位的利润是负的,那就不应该生产这 1 单位。因此,厂商生产的最后 1 单位产量是让边际收益和边际成本相等的那 1 单位。在这之前,总利润增加;在这之后,总利润下降。当边际收益等于边际成本时，利润达到最大值。而无论是边际收益还是边际成本，都是产量决定的，当二者相等时，产量是唯一可确定的。

这样，产量决策就做出来了。产量有了，投入多少要素，也就知道了。

有趣的是，利润最大不一定就是有利润。举个例子，产品售价10元，生产第1000单位时，边际收益等于边际成本，但此时边际收益（出售最后1单位产量增加的总收益），也就是价格等于10元，于是边际成本也是10元，但如果平均成本是12元，那么总收益就是10000元（1000×10=10000元），总成本就是12000元（1000×12=12000元），亏损2000元。这时候亏损是最小的，其他产量的亏损更大。亏损最小也是利润最大化的表现。此时，亏损的一个可能原因是，固定成本太大，以至于平均固定成本的下降始终抵消不了平均可变成本的上升，平均成本降不下来，总是高于售价。

那是不是只要出现亏损，就不再生产了呢？也不是。以航空公司为例。有时飞机上就几个乘客，这一趟肯定是亏的，为什么不停飞？因为即使亏损了，飞机短期内也很难转卖出去，员工也不会立即遣散。而航空服务的固定成本很高，比如飞机的折旧、机长和空乘的工资，这是飞行成本的大头。对，即使不飞员工工资也得支付，这是合同规定，不到期就得按时支付。但如果飞，只需增加可变成本，如燃油费、机上饮料的成本，这是小头。只要机票收入大于可变成本，飞就比不飞好，因为能借此冲抵一部分固定成本，使亏损减少。当然，如果机票收入不能弥补可变成本，又或者合同到期了，飞机可以卖出去了，而客流还是跟不上，那就必须停飞。

最后我们看一下经济学说的成本究竟是什么。成本就是厂商投入的价值，是货币概念，这容易理解。但经济学说的成本和会计成本，也就是一般人头脑里的成本，不是一回事。

会计成本是显性成本，也就是确实花了的、会计又记了账的成本。经济成本是机会成本。每一笔资源都有多种用途，当选择了某一种用途，也就是你认为的最佳用途，同时也就放弃了资源另作他用所能获得的收益。后者中，最大的那个是该笔资源的机会成本。

任何经济学著作里，如果没有特别说明，成本的唯一含义就是机会成本。有了机会成本这个概念，可以更深刻地理解经济利润。

如有10000元，可以投5个项目，总收益分别为11000元，12000元、13000元、14000元、15000元。假定无其他投入，那么哪个项目有利润？按照会计成本计算，利润＝总收益－全部会计成本，5个项目都有利润，分别为1000元、2000元、3000元、4000元和5000元，闭着眼睛就能赚钱。

但经济学家不这么算，经济学家说的利润是经济利润。经济利润＝总收益－全部机会成本。根据机会成本的定义，前4个项目的机会成本都是15000元，这是放弃的选择里价值最大的那个项目，也就是第五个项目的收益，则前四个项目的经济利润分别是－4000元、－3000元、－2000元、－1000元，都是亏损。只有最后一个项目有经济利润，因为它的机会成本是14000元（前四项中的最大收益），经济利润为1000元（15000-14000=1000元）。

强调一下：经济利润只在一种场合存在，其他都是亏损的！因为如果两种场合都有利润，即第一个场合的收益大于第二个场合的收益，同时第二个场合的收益又大于第一个场合的收益，这就矛盾了。也因此，有利润就意味着最大利润，不可能再增加。能增加的话，以前就没有利润。需要说明的是，前边我们说到边际收益和边际成本对比的时候，说总利润增加，那是动态的比较，不是最终结果。同时，有利润也就是实现了帕累托效率，因为它无法再改进，否则就是矛盾。对于厂商来说，进行生产也就是进行投入产出，是在进行资源配置，而它的目标——利润最大化，或者有利润，就是实现了资源配置的帕累托效率。

那有人会问：不知道一笔钱究竟有多少种用途，怎么计算机会成本？经济学家想了个折中的办法，把经济成本看作显性成本和隐性成本之和。显性成本就是会计成本，即花出去的钱。可以把显性成本近似看成机会成本，因为这些钱做其他事情，也至少能产生和此时一样多的收益，这个收益近似等于放弃的机会成本。隐性成本，就是没有实际花钱购入但也投入到了生产中的资源，比如有人用自己的房子开咖啡馆，自己经营，这个房子和这个人的时间资源就是隐性成本。因为是自己的，所以不用花钱买或租，会计也不会记账。但这些资源也存在机会成本，比如房子可以租出去赚钱，自己可以去其他单位上班赚钱。如果他的时间不用来开咖啡馆，去找工作最高一年可以赚100000元，房子租出去可以有 50000 元租金，这就是他自有资源的机会成本，这两项合计的 150000 元就是隐性成本。把显性成本和隐性成本加起来，大约就是机会成本。

厂商成本中，劳动力获得的是工资，土地所有者获得的是地租或者租金，资本所有者获得的是利息（注意，不是利润），厂商所有者付出的时间或者劳动的报酬，相当于工资，只是自己没给自己发，这个看起来有点奇怪的部分叫正常利润。正常利润具体是多少，自己说了算，没有标准。注意！正常利润是隐性成本的一部分！但如果不是自己经营而是雇经理人，经理人就是企业家，而正常利润就是企业家的工资，也就是企业家才能的报酬。如果总收益减去所有机会成本，包括正常利润后，还有剩余，才叫有经济利润。我们以后在讲到个人收入分配时，还会更详细地讨论这个话题。

你看，企业主、老板们是不是太辛苦了？而且，我这里说的还只是企业家全部辛苦和麻烦的一小部分。怎么样，你是不是已经不再羡慕他们了？

第5讲 竞争性市场

> 竞争市场的特点
> 边际成本等于价格
> 供给曲线
> 均衡的含义

在上一讲中，我们实际上假设企业处于完全竞争市场，现在，就看一下这个市场。现实中，市场通常指所谓行业，比如钢铁市场就是钢铁行业。

市场有两大类，竞争市场和垄断市场。竞争性市场就是所谓的完全竞争，它有四个特点：(1)无数的生产者和消费者；(2)产品无差别；(3)进入和退出自由；(4)信息完全。

这四个特点加起来，得出的一个结论是：每个企业都是价格的接受者。企业不能创造价格，只能受已成价格的约束。这是因为，企业数量太多了，以至于每家的产量都太少，产量少、没分量，拿什么影响价格呢？现实中不存在真正意义的完全竞争，经济学家常把大宗农产品市场，大约看成完全竞争。小麦市场就是一例。试想，一户农民、一个村子，甚至美国最大的农场都不种小麦，小麦价格会怎样？还是照旧。因为不管他们产量如何，相比整个市场都是微不足道的。

同时，每个消费者也是价格的接受者，也只能接受已成价格的约束。因为消费者的数量也太大了，以至于每个消费者的购买量都太少，同样无法影响价格。试想，一个人拼命买小麦，一个城市的人踊跃购买，能把小麦价格抬起来吗？当然不能。

企业作为价格的接受者而非创造者，是有好处的，不用定价，只需要定产量，少了很多烦恼。在厂商部分，我们提到过这一点。那么，完全竞争市场中的企业如何实现利润最大化？

时刻记住一条，不管什么行业中的企业，竞争也好，垄断也好，利润最大化的必要条件都是：边际收益＝边际成本。这是一条通则，没有例外。

完全竞争下，边际收益就是价格，那个已成的只能被动接受的价格。因为边际收益就是再多卖1单位产品增加的收益，既然大家都接受同一个价格，不管卖多少，都是按此出售，因此它就是边际收益。完全竞争企业利润最大化的必要条件非常简单，就是：边际成本＝价格。

如何做到？边际成本随产量而变化，不断调整产量，让自己的边际成本等于市场上的价格就可以。我们还知道，利润最大化不一定有利润，可能有，也可能没有，但对于完全竞争企业来说，是一定没有。

以种植业为例。假如部分企业有利润，也就是价格高于平均成本，这个消息很快会被所有人知道。为什么呢？因为完全竞争行业的四个特点之一是信息是完全的,"完全"的意思是大家知道的一样多,不存在我知道而别人不知道的情况。有人有利润,信息很快会传播开。别的行业的人就会改行进入种植业,因为根据完全竞争的另一个特点,进入是自由、无障碍的。还有一个重要原因,我们特别强调过的,利润是唯一的存在,种植业有利润,说明其他行业都没利润。新企业一定会蜂拥而入。行业总产量迅速增加,市场价格就下降,企业利润就减少。直到所有企业的利润为0,新企业才会停止进入。因此,只有当所有企业都没有利润时,市场才会稳定下来。结果就是大家都没有利润,这里说的是经济利润。

有人可能会认为,大企业有成本优势,总会有利润。对完全竞争行业来说,大企业没有任何优势,如果有的话,企业就会一直扩大规模,或者不断复制,最后市场就不是完全竞争了,就是少数大企业占据的了。正因为复制或者扩大产量无利可图,大农场和单个农户的平均成本是一样的,利润也是0。实际上,我们也没听说过著名的大农场。

利润是0为什么还要干?首先,是因为虽然无利润但也没有亏损。因为一旦亏损,也就是价格低于平均成本时,企业有退出的自由,可以马上退出止损。退出后,行业产量下降,价格上升,各家企业回归不亏损状态。其次,经济利润是0,总收益等于总成本,意思是所有投入的成本都获得了补偿。而成本可是机会成本,也就是你干别的,最好的情况也不过如此,还可能亏损。经济利润是0,完全可以接受。

到这里，必须解释一个问题：任何单个的企业和消费者，都决定不了市场价格，只能接受现成的价格。那价格总不能凭空产生，它究竟是怎么来的？

答案是市场供给和市场需求共同决定。

价格是全体参与者的利益所系，他们终究都是真实存在的普通人，在乎自己的利益，换句话说就是在意价格。完全竞争市场，生产者太多不能合谋操纵市场，消费者也一样，每个生产者和消费者的权利是完全对等的。价格也就是利益代表，不能只反映其中一方利益而忽略另一方。所以它必须既保证生产者的利益，又保证消费者的利益，同时实现双方的利益诉求。

先看生产者一侧。还记得函数的定义吗？函数是一种映射或者输入–输出关系，对于任意输入值，有且只有唯一的输出值对应。对于完全竞争的企业，给定一个价格，也就是输入，可以有多个产量能够选择，但追求利润最大化的企业只能生产使边际成本等于价格的那个产量，即必须只有一个输出，所以追求利润最大化的完全竞争企业的价格和产量之间，是一种函数关系。函数可以写出来，也可以画出来，不是函数则画不出来。这个函数关系，就是著名的供给函数，画出来就是供给曲线。

供给和生产不一样，供给是函数，不是真事，而生产是实际过程，是真事。供给反映的是企业最优化的，也就是利润最大化时的产量和价格的关系。

单个企业的供给曲线如图5-1所示，横轴 Q 是企业愿意并且能够提供的产品数量，纵轴是价格 P。供给曲线 SS 是向上倾斜的，数量随价格上升而上升。为什么向上？因为我们说过边际成本是递增的，随着产量增加而上升，而此时的边际成本就是价格，这样才能保证利润最大化。

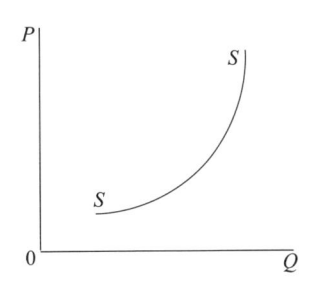

图 5-1 单个企业的供给曲线

我们说市场不是单个企业，而是所有企业组成的行业，行业或者市场的供给曲线什么样？和单个企业的供给曲线样子相同，只是位置要更靠右，它是把行业里所有企业的供给曲线加起来得到的。

再看消费者一侧。单个消费者也是价格的接受者，给定一个价格，消费者可以买多也可以买少，但对于追求效用最大化的消费者，有且只有一个最佳的购买量与此价格相对应。所以，完全竞争市场的价格和购买量之间，也是一种函数关系。这个函数关系就是著名的需求函数，画出来就是需求曲线。需求曲线我们在消费者那一部分已经画过，而且强调过，该曲线永远向下倾斜。

单个消费者的需求曲线，反映的是价格和消费者愿意并且能够购买的商品数量之间的对应关系，它保证消费者效用的最大化。

行业需求曲线的形状也和单个消费者的需求曲线一样,也只是更靠右而已。

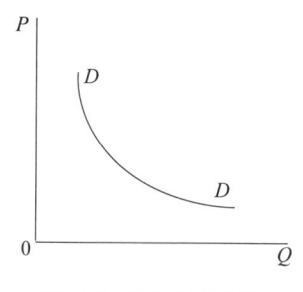

图 5-2 行业需求曲线

既然供给曲线和需求曲线分别代表了生产者和消费者的利益最大化行为,而市场价格又要同时反映他们的利益,两条曲线的交点同时在两条曲线上,代表他们同时都实现了利益最大化。供给曲线 SS 向上倾斜,需求曲线 DD 向下倾斜,它们必然有且只有一个交点。这个唯一的交点决定的价格,就是市场现成的价格。单个的生产者和消费者,都要接受它,这是集体的决定。如图 5-3 所示。

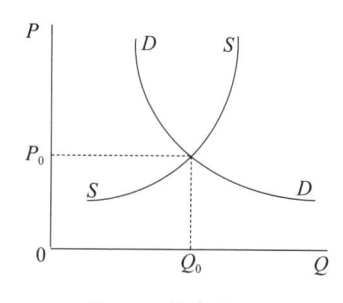

图 5-3 供求模型

图 5-3 就是著名的供求模型。供求决定价格的说法，就是这么来的。

这个交点，不但决定了价格，还决定了全体生产者的销售量和全体消费者的购买量，买卖同时进行，是同一个量，即成交量。这个点叫均衡点，价格 P_0 叫均衡价格，数量 Q_0 叫均衡数量。

而所谓价格的接受者的意思是，对于生产者，只要按这个价格出售产品，不论多少，都可以卖光，降价没必要，提高价格呢，销售量直接就到 0，一个也卖不出去。因为有无数其他生产者的产品，而且根据完全竞争市场的第二个特点，产品是无差别的，可以被完全替代，你加价，消费者马上就可以买别人的。同时，对于每个消费者，只要按照这个价格买，想买多少都可以买得到，加价没必要。如果想少付一点钱呢，对不起，没人会卖给你，因为有无数个消费者，你不买没关系，但买的人可多着呢！

均衡价格才是唯一有意义的价格，因为在这个价格下，消费者愿意买的数量和生产者愿意卖的数量相等，双方都满意，因此可以暂时稳定。不稳定就没有意义，因为无法按照稍纵即逝的价格买卖。同时，均衡价格也是判断价格高低的标准。所谓价格不合理，就是高于或者低于均衡价格，而不是个人感觉太高或者太低。

令人惊奇的是，我们发现，生产者和消费者的利益最大化是同时在均衡点实现的。换个说法，如果买方利益没有实现最大化那是因为卖方利益没有实现最大化；反过来，如果卖方利益没有实现最大化那是因为买方利益没有实现最大化。是不是有点出乎意料？这就是竞争市场的美妙之处。

价格稳定是暂时的，不是不变的，如果不变，价格机制就失灵了。价格机制就是价格上下波动，引起人们行为的改变，从而使资源重新配置的过程。价格机制之所以有效就是因为价格是经常变化的，而且正是因为价格是变化的，才能实现暂时的均衡和稳定。

很明显，均衡价格和数量取决于两条曲线的位置。如果曲线位置变了，均衡价格和均衡数量就会变。

什么时候曲线位置发生变化？比如，突然所有消费者的收入都增加了，需求曲线就会离开原来的位置，移向哪里？向右移动。因为消费者收入增加，在每个价格下，购买都增加了，所以每个点都向右走，供给曲线位置不变，于是均衡价格将上升；如果突然发生技术进步，企业愿意并且能够提供的产品数量就立即增加，供给曲线的每个点也会向右移动，而需求曲线不变，均衡价格将下降。大家可以自己画一画，验证一下。

完全竞争市场，理论上有无数个生产者和无数个消费者，意思是数量非常大，和其他市场相比，这个市场的产量是最大的。同时，经济利润是0，价格等于平均成本，和其他市场相比，这个市场的价格又是最低的。信息是完全的，消费者很容易识别产品，没有秘密可言，和其他市场的产品相比，消费者很难买到次品，不会被欺骗。我们也基本不会看到完全竞争产品的广告，做广告什么用也没有，反正多卖不了1分钱，纯粹浪费，这也是消费者的一大福音。

从理论上讲，完全竞争市场没法骗人，但这样的市场并不真的存在。

完全竞争市场虽然不真的存在，但揭示了现实市场的弊端和改进方向。要理解现实的市场，需要先搞懂完全竞争市场。这就是学习完全竞争市场的意义。

第**6**讲 市场如何起作用

相对价格的妙用
中国铅笔的故事
地震和租金控制
挂号费和看病难

司空见惯的事物，反而更难理解。比如人是什么，自己又是谁，很不容易说清。市场是寻常生活的一部分，但对于这只"看不见的手"如何运作，普通人恐怕也知之不多。

现实中，有多种多样的市场，路边杂货店、超级市场、购物中心、网络购物平台、黄金市场、股票市场、期货市场、外汇市场等等，但在基本模式上，这些市场是一样的，都包括买卖两方，核心都是价格机制。市场的运行，就是价格机制发挥作用的过程。

严格说，价格并不是货币量，单位商品的货币量在经济学中叫名义价格。A商品的名义价格是 a 元，B商品的名义价格是 b 元，微观经济学中的价格指的是 a/b，叫相对价格。相对价格，就是我们在厂商部分首先提到的机会成本。比如一张电影票100元，一桶爆米花20元，那么，电影票相对于爆米花的价格就是5

（100/20=5），5就是电影票和爆米花的相对价格，表示电影票的价格就是5桶爆米花。5桶爆米花就是1张电影票的机会成本。

假定爆米花价格一直不变，就可以把它看作1，这个时候名义价格和相对价格的关系就是固定的，把名义价格当成相对价格也说得过去。但记住，不论何时，相对价格才是我们做决策的依据，名义价格不是。我们以前行文时，没有特别说明，是为照顾大家的认知习惯。学了经济学，就要树立起相对价格意识。

相对价格是一种不同寻常的思维方式，用这个思维，就可以更好地理解现实世界。比如这样一个问题，海南和上海，哪里的好香蕉占比更大？直觉应该是海南，海南是中国主要产香蕉的地方，可这个问题的正确答案是上海。假如在海南好香蕉5元/斤，坏香蕉是2元/斤，这些都是名义价格，二者的相对价格是2.5（5/2=2.5），也就是在海南放弃2.5斤坏香蕉才能换1斤好香蕉。假设把香蕉运到上海的运费算下来是每斤0.5元，则上海好香蕉的名义价格是5.5元/斤，坏香蕉是2.5元/斤，二者的相对价格是2.2（5.5/2.5=2.2），也就是放弃2.2斤坏香蕉就可以换1斤好香蕉。对上海人来说，好香蕉变得便宜了，而相对海南人来说，上海人买好香蕉的比例更大，商家将据此行动，购进更多好香蕉，结果就是上海的好香蕉比例多过海南。

价格机制的第一个作用，是传递信息。比如，城里的人们突然发现，铅笔的价格最近上涨迅速，当然是相对价格上涨，原因很多：出生高峰期的小孩子马上要入小学，原材料价格上涨，出口增加等等。这些信息，就如一枚石子投向平静的湖面，激起层层涟漪，铅笔零售商增加进货，批发商增加采购，铅笔厂扩大生产，最后波及城市几千公里之外林区的伐木工人。他们最近一直没活干，突然这天早晨在睡梦中就被喊起来去伐木。他们不知道为什么又可以干活了，不知道小学新生增加了，也不知道别的原因，甚至不知道伐木（一般制作铅笔要用雪松木）是为造铅笔，甚至不知道铅笔的知识，比如：铅笔里的那根所谓的铅芯，根本不是铅而是石墨和黏土粉；HB是两个英文单词的首字母，分别代表硬度（hard）和黑度（blackness）。他们只知道又有活干，有钱赚了。铅笔零售商、批发商、铅笔厂老板的情况也差不多，就知道营生好做了，其他可能一概不知。价格传递信息的特点是非常纯粹，就是一个数字，不附带其他。相关的人们根据这个数字就足够做决策了。

价格的第二个作用，是提供激励。很多年前，我在乡下读小学时，铅笔是"大上海"生产的。但现在，大部分铅笔的产地不是上海，也不是其他大城市，而是像浙江南部的庆元县、黑龙江的尚志市这样的小地方，而且还是下面镇上的小企业、村里的小作坊制造的。这个产业转移是怎么发生的呢？还是靠价格机制。铅笔生产不是高技术，也不是新技术，早已没有秘密，最大的成本就是人工和营销。人工方面，非技术工人完全可以应付，如果还在大城市生产，那里的人工成本也就是劳动力价格，由于生活费高昂而不得不水涨船高，而转移到小地方生产，就可以省一大部分成本，提高竞争力。甚至尚志市的一部分生产还进一步转移到了俄罗斯，后者的人工成本比黑龙江更低。而在小地方，营销就没有优势。比如庆元县的营销中心没在庆元,而是设在著名的小商品集散中心义乌,那里有大量外国客商,便于谈判签约。这都是价格机制的激励作用。

价格的第三个作用,是分配。分配作用和激励作用相互交织,而非泾渭分明。当铅笔价格提高,铅笔供应链上的人,无论浙江庆元县的农民,还是千里之外林区的伐木工人、运输木材的商人、木材加工厂的老板、生产铅笔涂漆的厂家、铅笔批发和零售商,甚至伐木工人常去的饭馆的老板,收入都增加了,而消费铅笔多的家庭的福利则会下降,很可能家长会嘱咐小朋友省着用。

价格发挥三个作用时,没有什么人发号施令,价格机制是默默地、以看不见的方式在引导追求利益最大化的人,改变他们的行为。这时我们就说,价格机制正在发挥作用。

哈耶克对价格机制的评价中,有这么一段话:"人类最初是在并不理解的情况下偶然发现了某些惯例和制度的,只是在后来才慢慢学会了如何运用它们,尽管人类直到今天还远远没有学会充分运用它们;需要指出的是,价格体系只是这些惯例和制度当中的一种而已。正是通过这种价格体系的作用,劳动分工和以分立知识为基础的协调运用资源的做法才有了可能。"[①] 这段话的意思是,本来很复杂的、需要千千万万互不隶属的陌生人相互配合才能干成的事,价格机制很轻松地就解决了。

保证价格自由运转十分重要,关乎人类的命运兴衰。特别是,

[①] 《个人主义与经济秩序》,哈耶克著,邓正来译,三联书店,2003年版,第132页。

当价格机制遭到破坏，就会出现灾难后果。

位于加利福尼亚州北部的旧金山，是如今美国房价最高的城市，房租也几乎是最高的。假如旧金山发生地震（旧金山确实是地震多发地），房屋大面积损坏，其供给曲线大幅度左移，而租房的需求飙升，需求曲线右移，房租的均衡水平会迅速上涨。这是价格机制在发挥作用。价格上涨，会刺激遭到毁坏的房子的修复，刺激新房子的建造，也会激励一部分尚有多余房间的人将其出租。同时，合租的人增加，部分人离开旧金山，转往他处。虽然城市遭到破坏，但不会有人长期露宿街头，用不了多久，城市将恢复到常态。尽管一部分人，比如还有房子可出租的家庭、建造新房的房地产商等因此赚了钱，但他们解了燃眉之急，提供了高价值的服务，赚钱是可以接受的。

假设此时旧金山市政府决定对房租市场进行干预，规定房租的最高水平，违法的租客和房主将受到惩处。这其实不是假设，而是经常发生的情况。即使没有地震等极端事件发生，对房租的控制也经常进行，还会得到许多市民的赞赏。因为它的出发点是好的、善意的，是为了让更多低收入人群"居者有其屋"。但哈耶克经常引用诗人荷尔德林（Hlderlin，1770—1843）的话："总是使得一个国家变成人间地狱的人事，恰恰是人们试图将其变成天堂。"初衷也许不错，但实际结果却与当初的设想大相径庭。

规定的房租的最高水平，一定低于市场均衡水平，如果不是，它就没有任何约束作用，人们还是以市场价格租房。但当价格低于均衡 P_0 而位于 P_1，市场需求量一定大大超过供给量，人为制造出短缺。如图 6-1，低价格 P_1 发出了房租便宜的错误信号，更多人排队寻求本来已经很稀缺的住房。

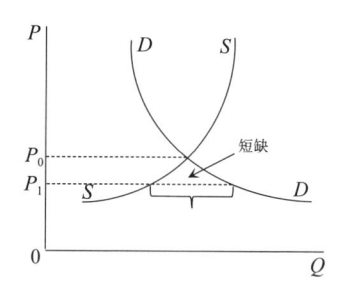

图 6-1　价格低于均衡价格出现短缺

而本来正准备把房子出租的人，也失去了激励。同时，因无利可图，房屋修缮和新房屋建造拖沓，到处可见露宿街头的人，旧金山将会破破烂烂下去，再也无望恢复往日的荣光。这时候，一定会出现黑市，黑市价格比均衡价格还高，因为要把预期被处罚的成本（按照被处罚的概率和罚金计算）加上。

再看一个医院挂号看病的例子。

以前，去大城市三甲医院看病难，是老百姓的一大烦恼。到处都有医院，为什么扎堆去大城市的三甲医院呢？有人说：当然啊，三甲医院医生水平高，能治大病。但还有一个容易被忽略的重要原因：挂号便宜。以北京地区以前的情况为例，门诊挂号费，普通医生5元，副主任医师7元，主任医师10元，知名专家14元，和免费差不多，吃个早点也没这么便宜。便宜就是价格低于均衡水平。价格传递信号，本来社区医院就能解决的，为什么不找个更可靠的医生给瞧瞧呢？反正也差不了几元钱。也不排除一些人根本没有病，只是想咨询点信息，也会来挂号，反正挂号便宜，和大医院的医生聊聊天总是更放心些。医院分级的本意是让三甲医院解决疑难杂症，但没有分级诊疗制度，挂号费又定得过低，就难以避免三甲医院每日人满为患。

但有的人却必须到三甲医院才能把病治好，这样，紧急需求程度不同的人一起排队等待看病，而每天的号量是固定的，那些需要紧急看病的人，如何如愿？

提早排队？就是再提前，也没把握能满足需求。窗口有好几个，排在第一的人也不见得就能挂到要去的科室或者专家的号，而且非常可能连续几天也挂不到。还有一个办法：可以登高一呼，说病情紧急，必须挂到号，请有心人转让位置。这办法可能奏效，但不可靠。其实，还有一招撒手锏：出钱买靠前的位置。这个需求催生了黑市，即号贩子的出现。号贩子手里的号比自己挂号贵多了，往往是挂号价格的几倍、十几倍。但依旧有人买，包括那些有紧急需要的人，以及时间成本高的人，比如有钱的老板，因为虽然价格不菲，但依然没有超过边际效用。如果没人要，号贩子早就销声匿迹了。但号贩子是顽疾，几十年屡打不绝，这就不单是号贩子的问题，而是定价机制有问题。为什么很少人倒卖飞机票？因为飞机票是市场化的，价格由供求关系决定，随行就市，没有黑市存在的空间。

号贩子是可恶，但从某种意义上，却帮助了有紧急需要的人。否则，他们还得回去继续住酒店，再来排队，其间的花费和心理压力都很大。问题出在哪里？出在分配上，高价号的好处被号贩子获得了，没有到给人诊病的医生手里。这个结果，令人难以接受。而为了打击号贩子，各方也很辛苦，但问题依旧。2016年，中央电视台报道了北京几家医院抓号贩子的新闻，众人拍手称快，但没过几天，一切照旧。

其实，人类发明的市场经济、价格机制，就是解决问题又快又省的办法。对看病而言，也就是调整价格，提高挂号费。这一方面减少了需求，只要提高到一定程度，那些非紧急需要的人就不来排队了。有人说，多少钱都去三甲医院。那是个别人，就整个人群来说，哪怕提高1元钱，也能减少需求。否则，人性就出问题了。另一方面，这也有利于调动医生出诊的积极性，当然，这方面的作用比较有限。但无论如何，更多有紧急需要的人会得到诊治。

2017年4月，北京取消了挂号费，改为医事服务费，三甲医院门诊的该项费用最低50元（中级及以下级别的医生），副主任医师60元，主任医师80元，知名专家100元。医院看病难的问题基本上解决了。虽然解释说医事服务费不是挂号费，但对患者来说就是一回事。有人说挂号难是互联网挂号解决的，这不对，因为只要价格不变，拥挤依旧，看病难便不会解决，网上的号秒光，根本抢不到。实际上，一些大医院的特需门诊，挂号一直容易，这是因为价格高，动辄几百元，供求基本均衡。

我们再看一个例子。

如果甲地粮食大丰收，乙地绝收，乙地粮价将急剧上涨，甲地粮价会迅速回落。如果允许市场存在，价格的信息传递功能立即发挥作用，必然有人把粮食从甲地倒卖到乙地，因为能赚钱，同时也是做好事，对甲、乙两地的人都好。以前管这叫投机倒把，严厉打击，后来投机倒把罪被取消。但如果不允许市场存在，又不允许涨价，也就是把价格限制在均衡价格之下，就没人会倒卖粮食，甲地将会出现卖粮难，白白浪费掉，乙地是什么结局就不好估计了。有人说，赶紧调拨。但你得相信，市场和商家的反应速度一定是最快的，慢了赚不到钱还得搭上运费。

冬天在北方坐火车你会发现，很多可以种小麦的地撂荒了，但我们依然吃饭不愁。我小时候几年才做一件新衣服，现在却没人担心穿不上衣服，它们的供应都已经高度市场化，这都是市场机制在发挥作用的缘故。

为了生活的安澜、你我的幸福，我们应该维护市场经济，保证价格机制的自由运转，它是我们的"守护神"。

第 7 讲　垄断

垄断者不敢漫天要价
单一价格垄断
机票打折的秘密
谷歌的口号
无垄断难创新

通俗来讲，垄断是指整个行业只有一个厂商，这个厂商就是整个行业。在现实世界中，正如不存在完全意义的完全竞争，也没有完全意义上的垄断，但有接近垄断的市场，更多的则是具有某些垄断特征的市场。经济学家研究垄断的目的，也是认识真实的市场。

假如真有垄断厂商，它们会不会任意索要高价，欺凌消费者？直觉应该会，舍此一家，别无分号，任意加价，消费者又能奈其何？但真相并非如此。

再次强调，市场或者行业的需求曲线，永远向下倾斜。价格提高，购买量减少；价格降低，购买量增加。那为什么完全竞争厂商可以按照不变价格卖出任意多的产量？这是因为完全竞争的单个厂商的需求曲线不是向下倾斜，而是水平的。完全竞争厂商如果提价，会把消费者全都赶去竞争对手那里，销量直降到 0；

不用降价，就能卖掉全部产品，降价当然没必要。这里的任意多，也是个别厂商的视角，就整个行业来说，它是微不足道的。完全竞争的行业需求曲线才是向下倾斜的，整个行业的产量增加，会降低行业的价格，也就是每个厂商都要接受的卖价。

既然垄断行业的厂商只有一个，它的需求曲线就是行业需求曲线，一定是向下倾斜的。这决定了垄断厂商不能肆意抬高价格，高到一定程度，买者就寥寥。垄断厂商追求的也是利润最大化，利润最大化和追求单价最高不是一回事。一张机票卖100000元，没人买，大家的钱毕竟还有其他用途呢，不如每张卖1000元赚得多。

但垄断厂商确实有一个完全竞争厂商没有的优势：当它提高价格的时候，只要不是太离谱，消费者购买会减少但不会像完全竞争那样全部消失，还是有人买。而当降价的时候，购买量将增加。换个说法就是，垄断厂商如果想出售更多，只有降价才行，完全竞争厂商则不必如此。

垄断厂商进行利润最大化的决策，也和完全竞争厂商不同，后者只决定产量，价格是已知的，接受即可。垄断厂商不是价格的接受者，而是唯一的卖者，必须是价格的创造者，要同时决定价格和产量。垄断厂商的定价和销售分两种情况。

第一种情况：它可以只按照同一个价格出售全部产品，叫单一价格的垄断者。注意，不管什么厂商，哪怕是垄断者，只要追求利润最大化，就必须让边际收益等于边际成本。边际收益和边际成本都是产量决定的，是产量的函数，使边际收益和边际成本相等的产量是唯一的。产量决定了，价格也就决定了。为什么？

因为价格和产量的关系,就体现在需求曲线上,需求是函数关系,价格和产量是一一对应的,决定了产量,价格也就定了。

垄断厂商的定价高于完全竞争厂商,后者按照边际成本定价,它当然也想把价格定得高于边际成本以及平均成本,获得经济利润,但同行太多,竞争压力下,只得作罢。垄断厂商没有竞争压力,定然不会把价格定在边际成本上,而是高于边际成本(当然也高于平均成本),这就保证垄断厂商(在长期)是有经济利润的。这是垄断的一大特征。只要存在垄断因素,高于边际成本定价就是必然的。这也是在追求利润最大化以及帕累托最优。

第二种情况,它可以对不同消费者收取不同的价格,叫价格歧视,也就是"看人下菜碟"。同一种产品和服务,不同类型的消费者愿意支付的最高价不同。如果垄断者能识别不同类型的消费者,就可以分别对待,提高销量和平均价格。在某些航线上,只有少数航空公司的航班,它们就是这些航线的垄断者。常见的现象是,同样的舱位,票价差别很大,有全价的,有9折的,也有最低2折的。航空公司这个垄断者,没有按统一价格出售机票。

航空公司按不同价格出售机票的道理是,有些乘客对机票价格不敏感,高一点没关系,比如可以报销、收入高不在乎,或者事情紧急必须乘坐此航班等等,而有人特别在意价格,价格高了就坐火车,反正也没什么要紧事,晚点到无所谓。航空公司怎么识别他们呢?有多种办法,比如看订票时间:提前半个月就预订的,说明事情不紧急,只能卖二三折;提前一周的卖四五折;如果是飞机起飞前才赶到机场，那一定是不在乎价格的，9折或全价都能卖得出去。航空公司还可以跟旅行社合作，识别乘客类型，比如有些低价旅游团，成员多属低收入群体，可以安排半夜的航班（俗称"红眼航班"），因为他们支付意愿低，宁可忍受一定程度的不舒适。但明眼人很快发现漏洞，如果买低价票的人把票转卖，航空公司的策略就失效了。本来能接受高价票的乘客可能不从航空公司购票而买转让者的。航空公司一开始就预计到了这些情况，规定必须实名购票，机票不能转让，另外会收取很高的退票费，时间越晚退票费越高。这些都是为保护航空公司的利益，保证价格歧视顺利进行。

如果不实行价格歧视，而是按单一价格出售机票，航空公司会不会赚得更多？不会。因为单一价格不会是全价，价格太高购买者太少，可能赚不到钱；当然也不会是二三折出售，这样虽然买的人多，但价格太低可能还是无钱可赚。航空公司会以不高不低，比如6折出售机票。但这样的话，本来6折以上甚至全价都能接受的乘客的钱就赚不到，而本来可以接受6折以下价格的乘客的钱也赚不到了。要知道，当飞机差不多坐满的时候，哪怕以1折出售机票，只要能补偿飞行的可变成本，对航空公司而言也是划算的。算下来，价格歧视下厂商收取的平均价格，比单一价格垄断时还要高，消费者的福利被挤压得更严重。这是垄断的一大坏处。这就是俗话说的"买的没有卖的精"，消费者大可不必为买到低价票就感恩航空公司。

垄断是怎么形成的呢？

专利是一个原因。厂商获得生产的专利权，专利受法律保护，法律阻挡了新厂商进入。

自然垄断也是一个原因。当产品生产的平均成本随着生产规模的扩大不断降低的时候，由一家企业垄断提供对社会是有效率的，多家企业平分产量，平均成本反而更高，缺乏效率。这样不用任何干涉，自然而然地就形成了垄断。自然垄断的特征是生产的固定成本巨大，而可变成本十分有限，边际成本几乎为零。比如有线电视服务，固定成本就是把网络布满整个城市的支出，而可变成本只是让新用户入网的费用，几乎可以忽略，如果存在几家有线电视服务供应商，铺几套网络，平均成本因此项收费一定会倍增，对消费者和社会都是损失。所以，一个城市基本就只有一家有线电视供应商。

还有一种是行政垄断，是出于某些经济以外因素的考虑，靠行政命令把某些事项的独家经营权授予一家厂商而形成的垄断。如美国的邮局系统，就是美国政府垄断的。

最后一种是竞争形成的垄断，属于优胜劣汰的结果。企业靠重大技术创新，首先进入市场，其他厂商难以模仿和超越，因此处于垄断地位。比如在美国，谷歌公司是搜索引擎的领军厂商，但它的搜索服务是免费的，因此谷歌开始是赔钱的，后来才找到互联网广告赚钱模式。在网络广告行业，开始几年，谷歌就是垄断者，大赚特赚，很快就在纳斯达克上市，市值超过10000亿美元。

流行的看法是，垄断是坏的，应该取消一切垄断。以经济学的角度，这个看法是偏颇的，对垄断要做具体分析。

保护专利是必要的，因为可以促进技术创新，造福人类。专利形成的垄断，并没什么不妥。

自然垄断提供了公共服务，投入巨大，赚取适当利润是可以接受的，但需要防止滥用垄断地位，牟取过高利润。政府可以限制其定价，例如按平均成本定价，获得正常利润，补偿所有成本；或者按边际成本定价，此时相当于完全竞争价格，达到社会效率，社会福利最大，但厂商的边际成本几乎是 0，远低于平均成本，因此必然亏损。此时社会应该补偿其损失。只要控制得当，成本信息透明，自然垄断不会有危害。

其实，垄断的危害主要在行政垄断，它抑制了竞争，降低了效率。没有特别充分的理由，行政垄断应尽力避免。但行政垄断恰恰是最难以消除的，因为它是合法的、受法律保护的垄断。

讨论最多也最有意义的，是竞争造成的垄断。此种垄断本身就是竞争的产物。谷歌最初就是斯坦福大学的两个在读博士生——拉里·佩奇（Larry Page，1973—）和谢尔盖·布林（Seryge Brin，1973—）于 1998 年创业建立的小公司。时至今日，虽已成为巨头，但它根本无权限制竞争，依然有大量潜在竞争者环伺，其垄断地位是暂时的，只要不努力保持创新势头，很快就会被潜在竞争者取代。这样的市场，叫可竞争市场。与此对照，行政垄断则是不可竞争的。实际上，2004 年脸书公司出现，就立即抢走了谷歌互联网广告很大一块蛋糕。而在 2022 年 11 月之后，谷歌又面临 ChatGPT（OpenAI 开发的一款智能聊天机器人程序）的挑战。

谷歌虽是垄断者，但并不一定就对消费者有害。比如，谷歌搜索引擎是免费使用的，而最赚钱的广告业务，也不是谁出钱多，谁的广告就出现在搜索网页最前边。谷歌开发了按照广告对消费者实际影响力排名的独家技术，它照顾而不是漠视消费者的利益。按照出价排名，虽然也符合商业道德，但很可能损害消费者利益，这类恶劣的案例也曾出现过。相较之下，谷歌兼顾了消费者利益，因为它有一个口号——"不作恶"。

更重要的是，就是因为能持续获得经济利润，谷歌或 Alphabet（其母公司）才有能力和动力去进行 AI（人工智能）技术和云计算的研发，这些新领域的研发需要投入巨额资金，可以说是用钱去堆，至少短期是无利可图、只有亏损的，如果不是有互联网广告的垄断利润支撑，一个竞争性的谷歌不可能进行此类重大技术的研发。我们不能否认，重大技术突破，多出现于垄断厂商之手。谷歌之于搜索引擎和 AI、苹果之于移动互联网、辉瑞之于 mRNA 疫苗技术、英特尔之于芯片、微软之于个人计算机、特斯拉之于电动汽车等等，如果不是处于能获得巨大利润的垄断地位，这些影响人类生存方式的技术很可能都不会出现。

必须提到企业家在其中的贡献，不是乔布斯、比尔·盖茨、马斯克、扎克伯格的天才设想和勇气，这一切都不会发生。他们当中有人也许不计较回报，但就整个人类而言，没有巨大回报，将大大抑制伟大企业家和企业群体的涌现，这就是大公司往往愿意给 CEO 天价年薪的原因。2020 年，苹果的蒂姆·库克年薪过亿美元，马斯克的年薪更高达 235 亿美元，等等。这样才能激励更多人投身这个一将功成万骨枯、心血将付诸东流的概率达到 90% 的战场。

靠竞争获得垄断地位的厂商，无一日不战战兢兢、如履薄冰，不要觉得它们今日多惬意，历史证明，不过就是各领风骚数年而已。想当初，微软何其风光，独占操作系统好多年，后来智能手机时代，受到来自苹果公司的打击可谓巨大。

坦白说，就如个人不想泯然众人，哪个厂商又不想追求垄断呢？但不靠行政力量和自然垄断，成功者又有几人？如果考虑其艰辛和对技术创新的贡献，其可能令消费者多付少许价钱的瑕疵，是不是可以容忍？要知道没有它们，消费者根本没机会获得新的消费体验和福利。

竞争性垄断巨头不时遭到反垄断调查，最著名的是美国联邦政府诉微软案。联邦政府从 20 世纪 90 年代就调查微软，认为微软占有了操作系统 80% 的市场份额，构成垄断，并滥用垄断地位在其 Windows 系统中捆绑销售 Internet Explorer（IE 浏览器），从而阻止了其他浏览器厂商进入市场，违法了 1890 年通过的反垄断之《谢尔曼法》，建议将微软拆分为二：一家生产操作系统，一家生产其他应用。微软辩称自己没有阻止其他厂商进入市场，依然有竞争对手如 Linux 存在，而微软的 IE 浏览器是免费提供的，属于 Windows 的一项新增功能，好比汽车搭配音响系统，并非捆绑销售，二者的结合是一种技术创新且是竞争的结果。法院判微软败诉，但微软上诉成功，2001 年该案达成和解。

所以，垄断是福是祸，要看是什么性质的垄断，有些垄断不该有，而有些垄断却是值得欢迎的。

第 8 讲　垄断竞争

更像垄断
非价格竞争
绝妙广告
对消费者的忠告

多年来，我住酒店，选皇冠假日（简称"皇冠"）的时候最多，即使它有时相对别家更贵。我早就是皇冠的会员（优悦会成员），忠诚客户。这是不是理性的选择呢？

酒店市场，是垄断竞争行业。垄断竞争，是同时具备垄断和完全竞争特征的市场或行业，像垄断但不是垄断，像竞争又不是竞争。垄断竞争的特征是：有大量的买家和卖家；产品是不同质的；进入、退出市场自由；信息不完全。

有大量的买家和卖家，以及进入、退出市场自由，这两条和完全竞争市场很像，但又不完全一样。虽有大量卖家，但不如完全竞争市场那么多，后者有无数个卖家，垄断竞争市场的卖家没这么多。进入、退出市场自由，但也远不如完全竞争容易，更准确地说是进入、退出市场无障碍，可能不能进得去，还要看能力。

垄断竞争市场中各厂商（卖家）的产品，就功能说是一致的，本质上它们可以互相替代，但又各有特点。更重要的是，消费者是能识别又在乎这些特点的，正是这些特点才让他们不离不弃。在这个意义上，各家产品又是不可替代的，这就是产品不同质的含义。比如酒店，都是睡觉用的，有什么本质不同呢？但我就喜欢皇冠，除非皇冠没房间了，否则我还是选它。这样，垄断厂家即使涨价，消费者也不会全部转去别家，仍有人继续留在此家；如果降价，销量就会增加，原来的顾客会增加购买，其他厂商的消费者也会有部分转过来。而且垄断竞争市场的产品，都有某种程度的复杂性，消费者靠个人有限的知识无法对产品的性能和质量做出准确估计，这便是信息不完全的含义。

那么，垄断竞争市场更接近垄断还是更接近竞争呢？

答案是更接近垄断。因为完全竞争厂商最大的特点是，它们是价格的接受者，只能被动接受市场已成的价格，毫无定价的权力，但垄断竞争厂商具有定价权。它们可以提高价格、少卖些，也可以降价、多卖些，具有操纵价格的能力。当然，它们的操纵空间不如垄断厂商大，因为还要考虑其他厂商的反应。毕竟，产品本质上具有可替代性。

垄断竞争厂商，消费者对它们的产品的需求曲线不是水平的，而是向下倾斜的，和垄断厂商面临的需求曲线形状大致一样（位置和倾斜程度不同）。垄断竞争厂商要实现利润最大化，其产量必须按边际收益等于边际成本来确定，但既然有定价权，垄断竞争厂商的价格会高于边际成本，当然高的程度没有垄断厂商大。从决策的性质看，垄断竞争和垄断非常相似，都是自己决策，不用看别人眼色。

除了酒店，餐馆、影院、汽车、服装、化妆品、家具、手表等行业都是垄断竞争行业，可以说，消费者打交道最多的就是这一类市场。对这些产品，消费者都有自己的偏好：有人和我一样喜欢皇冠，也有人就喜欢希尔顿；有人爱吃川菜、湘菜，但有人怕辣对这些菜系敬而远之；有人喜欢奔驰，而有人只想坐宝马；有人最爱 BOSS，而有人只穿纪梵希；有的女生最爱兰蔻，而有的只买雅诗兰黛。对手表，我本人只喜欢劳力士，因为这是我听说过的第一个世界名表品牌，而有人偏爱百达翡丽和江诗丹顿；有人只喝酱香型的茅台，有人最爱浓香型的五粮液。其实，它们又有多大差别？汽车不过是两排"沙发"加四个轮子（据说，这是吉利汽车创始人李书福先生的名言），衣服就是遮体避寒的，多贵的手表也不如手机自带的时钟准，所有白酒的主要成分无非都是酒精和水。但消费者的偏好正是厂商进行垄断的依据，我们的偏好或者忠诚让我们付出更多，但似乎又无怨无悔，厂家就是由此取得经济利润的。

垄断竞争厂商之间当然也会有竞争，它们的竞争主要有两种方式。一种是价格竞争，或者叫薄利多销。薄利多销就是适当降低价格，增加销量，以增加利润。但价格竞争对垄断竞争厂商不是最佳手段，因为降价空间太有限了。厂家那么多，降价能增加的销量太有限了。

另一种方式是非价格竞争，比如对品牌、包装、设计、服务等进行差异化，其中特别重要的是品牌。品牌是产品和厂商的象征，消费者见品牌如见厂商，把更多美好因素注入品牌，使之扎根消费者心中，培养消费者对品牌的感情，就是在提高厂商的竞争力。可以想象一下，如果一辆汽车、一瓶化妆品、一只手表没有品牌，你敢买吗？应该不敢。垄断竞争产品没有品牌是无法生存的。所谓消费者在意垄断竞争产品的特点，其实就是在意品牌。这和完全竞争不一样，粮食、蔬菜不需要品牌，都是大路货。有些品牌，经过厂商不懈努力，脱颖而出成为名牌或奢侈品牌，比如我前文提到的那些，就可以借此获得长期经济利润，这就是品牌的重要性。广告则是打造和提升品牌影响力的主要手段，厂家对此使出浑身解数，广告也因此成了一大产业，且多姿多彩。

下边是我认为的最出色的广告。

"i'm lovin' it！"（我就喜欢！），是麦当劳唯一的口号。

"Just do it！"（做就是！），是耐克的广告。

"A diamond lasts forever"（钻石恒久远，一颗永流传），是钻石中央机构戴比尔斯（De Beers）的广告。[1]

"人类失去联想，世界将会怎样"，是联想集团的广告。（我30年前第一次在北京北三环路上看到这句广告语时，被震撼到了。）

"Think different"（不同凡响），是苹果公司的广告。

"You know you're not the first ,but do you really care?"（你

---

[1] 更多人认为戴比尔斯应归入垄断，因为其占全球钻石贸易40%的份额。

知道你不是第一个,但是你真的在意吗?),这句话很俏皮,是阿斯顿·马丁(Aston Martin)二手车的广告。

上边这几则广告,文采意境都属上乘。

"三碗不过冈",这是《水浒传》中景阳冈酒馆的招牌。

"恒源祥,发羊财""恒源祥,羊羊羊",是恒源祥的广告(我在纽约大街上见过它的连锁店)。

"今年过节不收礼,收礼只收脑白金",是脑白金(一种保健品)的广告。

这几则广告感觉不如上边的高级,有的还有点恶俗,但都契合了社会大众文化和习俗,又朗朗上口,消费者一下就记住了,也不失为好广告。

垄断竞争市场也可以是丰富多彩的。例如,歌星唱歌就是垄断竞争,同一首歌,不同歌手都可以唱。《明天会更好》这首歌,罗大佑、张国荣、张学友、王菲均演唱过,大家因此可以领略到多样的风格,总有一款契合自己的口味。

就垄断竞争市场而言,我对消费者的建议是:虽然消费名牌产品也是某种人生乐事,但不要迷信品牌,不能完全跟着广告走。尝试其他品牌是更务实也更理性的。比如以后我准备多住香格里拉、希尔顿和喜来登。当然我知道,偏好一旦养成,再改变是困难的。否则,人家垄断竞争厂商还怎么赚钱呢?

第 9 讲 博弈论

《美丽心灵》
纳什均衡
囚徒困境
可疑的齐王田忌赛马
空城计里无智慧
海盗分金

下围棋的有趣之处在于，需要估计对手的反应，还要想好如何应对。而高手就是能对接下来的几步甚至更多步，都有预判和应对之策的人。下棋这种对抗性的游戏就是博弈。经济学中的博弈，都是非合作性质的，即参与游戏的人无法通过谈判达成有约束力的、各方都会遵守的协议。

非合作博弈理论都是建立在"纳什均衡"概念基础上的，这里的"纳什"是美国数学家约翰·纳什（1928—2015）。此人颇具传奇色彩，很小的时候，就显露出极高的数学天分，22岁获得博士学位，然后在大学当教授。就在前途无量之际，他却于1959年患上严重的妄想型精神分裂症，妻子也离他而去。本来以为这一生就完了，不想1970年后病情好转，更在1994年获得诺贝尔经济学奖（与另两位博弈论学家共同获奖），2001年又和前妻复合。

但 2015 年 5 月 23 日，悲剧再次来袭，他遭遇车祸，夫妻双双离世。他的传奇故事曾搬上银幕，就是获得 2002 年奥斯卡金像奖四个奖项的《美丽心灵》(*A Beautiful Mind*)，其中虽有一些夸张情节，但大体属实。

纳什均衡是纳什在他的博士学位论文中提出的，"囚徒困境"故事对此做出了形象的解释。故事有不同版本，大意是：甲、乙两人作案被抓，控方想定罪但苦于证据不足，于是把他们隔离审讯，并明确告知他们：主动招供的可以减刑，抵赖的要加刑。甲、乙面临的形势如下：

表 9-1 囚徒困境

		乙 招供	乙 抵赖
甲	招供	8, 8	0, 10
甲	抵赖	10, 0	1, 1

问题是：如果甲、乙被抓之前有攻守同盟，"打死也不招"，誓不背叛对方，控方的策略能否奏效？

现在，控方让甲、乙处于博弈状态，甲如何决策取决于乙如何决策，或者说取决于甲认为乙是如何决策的。而且博弈是非合作性质的，两个人被隔离了，无法再通过讨论达成新的攻守同盟。注意，信息是完全的或对称的，也就是说两人对上表中的所有信息心知肚明。此时，甲有两个策略：招供和抵赖。因为两个人一起作案，甲招供就等于指证和背叛乙。虽然他们被隔离了，甲不知道乙的选择，但甲不难分析局面：如果乙招供也就是背叛自己，甲的最佳策略是招供，因为招供判 8 年，抵赖则是判 10 年；如果乙抵赖没有背叛自己，甲的最佳策略也是招供，因为招供马上可以出去获得自由，抵赖还得坐 1 年牢。所以，不管乙做何选择，甲的最佳策略就是招供，也就是背叛乙。

乙和甲的情况完全对称，他的最佳策略也是招供。

甲、乙的策略组合有四个：（招供，招供）、（招供，抵赖）、（抵赖，招供）以及（抵赖，抵赖），括号里前边是甲的策略，后边是乙的。但是，最后的结果只有一个：（招供，招供）。

这个结果或者"囚徒困境"问题的解就是纳什均衡，它是这样一种策略组合：里边的每一个策略，同时都是给定对方选择的条件下，自己的最佳策略。比如给定甲选择招供，乙的最佳策略是招供；给定乙招供，甲的最佳选择也是招供。达到纳什均衡后，双方都不愿意再变动，因为变动不会给自己带来好处。既然不愿意再变动，就可以持续，因此是均衡状态。我们说过多次，均衡就是可以持续下去的状态，也可以叫稳态。其他三个策略组合，都不是均衡状态，比如（抵赖，抵赖）：给定甲抵赖，乙的最佳选择不是抵赖，而是招供；给定乙抵赖，甲的最佳选择也不是抵赖，而是招供。这个策略组合不是稳态，不会持续，或者说不是一个结果或者解。

很明显，（招供，招供）这个纳什均衡成为唯一的解，是因为甲、乙都想为自己争取最大利益，少判几年，最好马上出去，都在给定约束下追求自己利益的最大化，因此他们都是理性的。根据亚当·斯密"看不见的手"的原理,个人追求自己利益的最终结果,在这里即为纳什均衡,应该可以使此时的"社会",即二人作为整体的利益实现最大化,也就是实现帕累托效率。但我们看一下,(招供,招供)显然没有实现他们二人利益最大化,相反,二人作为整体,在此结果下的利益反倒是最小的,合起来要坐牢16年。(招供,抵赖)和(抵赖,招供)的结果是二人合起来坐牢10年,(抵赖,抵赖)才是二人作为整体的利益最大化选择,合起来只坐牢2年。也就是说,个人追求自己利益最大化的结果,并没有促进"公共"利益,没有实现帕累托效率。

是不是"看不见的手"的原理错了呢?不是。"看不见的手"实现帕累托效率是有前提的,那就是自由交易,现在控方限制了双方的自由交易,即直接的讨价还价行动,破坏了前提。

那么,他们二人还有没有可能实现帕累托效率?有的。如果交易不是一次,而是多次,也就是被抓多次,攻守同盟就将发挥其约束作用。如果甲这次选择背叛,乙将在接下来的博弈中进行报复,也选择背叛;如果甲这次是忠诚的,接下来的博弈中将得到乙的奖励,即乙也选择忠诚。这叫"一报还一报"或者"扣动扳机战略"。最后,背叛的一方会发现,忠诚才是最好的选择。(抵赖,抵赖)最后将成为唯一的均衡解。

博弈论的局中人都是理性的,用俗话说就是聪明,博弈是聪明人之间的游戏。如果参与者中有傻子,那任何结果都可能出现,毫无分析、预测之必要。而一些历史上著名的智者故事,恰恰是假定一方是聪明人而对方是傻子,因此并无太多智慧可言。

比如，小学生都知道的齐王田忌赛马的故事，说的是孙膑的智慧。《史记》的原文是："忌数与齐诸公子驰逐重射。孙子见其马足不甚相远，马有上、中、下辈。于是孙子谓田忌曰：'君弟重射，臣能令君胜。'田忌信然之，与王及诸公子逐射千金。及临质，孙子曰：'今以君之下驷与彼上驷，取君上驷与彼中驷，取君中驷与彼下驷。'既驰三辈毕，而田忌一不胜而再胜，卒得王千金。"

孙膑、田忌一方要获胜，就要齐王总是先出上马、再出中马，最后出下马。这样的齐王就不是聪明人。正常人应该随机出马，不让对手猜到。或者孙膑一方提前知道齐王出何马，那就是作弊。也有可能规则就是按照上、中、下顺序出马，如此一来，孙膑就违反了规则；又或者是碰巧，田忌偶然取胜。无论哪种情况，都没有太多智慧可言。当然齐王不是傻子，这个故事里的齐王就是齐威王，算得上是能主。如果没有作弊，孙膑应该是靠运气取胜的。

更可能的情况是，这个故事不是真的，而是以讹传讹。《史记》虽是伟大的史书，但所记不一定全是真实的，比如五帝本纪、夏本纪，就缺少事实依据。对秦始皇出身的记录，也有矛盾之处，前文说其父是庄襄王，后文又暗指吕不韦。这点已有史学家指出过。

还有比这更离奇的。比如民间传说和文学作品对诸葛亮的夸张，到了离奇的程度。历史上，真实的诸葛亮不曾借东风、草船借箭，没有三气周瑜，更没有火烧赤壁。杜甫称颂诸葛亮的著名诗歌《八阵图》中云：

功盖三分国，名成八阵图。

江流石不转，遗恨失吞吴。

八阵图是子虚乌有，其实就是隆中对，建议刘备分兵占据荆州和益州，这也是诸葛亮的重大战略败笔。其实，在军事才能上，诸葛亮在同时代的兵家中并不突出。这一点，《三国志》作者陈寿的看法公允得多："然亮才，于治戎为长，奇谋为短，理民之干，优于将略。"所以，他认为诸葛"盖应变将略，非其所长欤"！诸葛亮的军事才能是不如司马懿的，他正是败在了司马懿的手下。但在《三国演义》里，读者看到的都是诸葛亮力压司马懿。

最传奇的是空城计。空城计当然是编造的，诸葛亮第一次北伐的时候，司马懿还在宛城，在曹真死后才统领魏军，但是老百姓愿意相信并且津津乐道。不过，细究起来，司马懿并没有做错什么。

历史上，司马懿和诸葛亮真正对垒就一次，但在小说中他们已经打交道多次。在博弈论里，这叫动态博弈，参加游戏的人在长期打交道之后，对各自是何种类型的人已经很清楚。在《三国演义》作者看来，诸葛亮就是平生谨慎、不曾弄险，那他就不该在书里安排空城计这个情节啊！因为这是用兵不当，明显是弄险。但司马懿到达城下时，需要做一个判断，即城是空的还是有重兵把守？因为信息太少，司马懿只能按概率判断。既然他们打交道已久，已经知道诸葛亮不会弄险，那么大概率城里是有埋伏的，空城的概率很小，退兵无疑是唯一正确的选择。看书和看戏的知道是空城，但当局者不能冒进致损失太大。然而，罗贯中和民间传说的逻辑是，不管诸葛亮怎么做，司马懿都会上当。或许诸葛亮是反其道而行之，但这就不是那个能掐会算的神机军师了，怎么能把自己算计进一个空城，让敌人消灭呢？还有华容道，曹操走大路还是小路，本是纯粹的随机选择，但罗贯中一定让诸葛亮猜对，曹操怎么走都会落入关羽手中。这也不是聪明人之间的游戏，没有智慧可言。其实，诸葛亮被千古传颂，主要不是因为多智，而是因为忠心耿耿，是因为《出师表》而不是《隆中对》。

白居易对诸葛亮的描述就比杜甫实在多了：

先生晦迹卧山林，三顾那逢圣主寻。
鱼到南阳方得水，龙飞天汉便为霖。
托孤既尽殷勤礼，报国还倾忠义心。
前后出师遗表在，令人一览泪沾襟。

仔细分析同样聪明的对手的反应，找出均衡解，是博弈论的精髓。

再举一个"海盗分金"的例子。

五个海盗弄到了 100 个金币，准备分掉。"盗亦有道"，他们的规则是：每个人都可以提分配方案，然后投票，获半数以上赞成票的方案将得到通过和执行，所提方案获得的票数没有超过半数的人将被扔进大海喂鱼。提方案的顺序由抓阄决定，根据抓阄结果，把海盗标记为 A、B、C、D、E。我们的问题是，假如每个海盗都追求自己利益最大化，而且是当即决定、不再沟通，A 的方案是什么？

直觉上，A 会选择少要或者不要，但是不是这样，要进行分析。

复杂问题要从边际开始分析，也就是从 E 开始。E 想的是，假如轮到他提方案，其他海盗都已经给丢进大海了，100 个金币全是自己的。所以，E 个人利益最大化的选择是赶快轮到自己。不管前面的人的方案是什么，他都将反对。

再看 D，只要轮到他提方案，就死定了。因为不管他的方案是什么，E 都不会同意。他的利益最大化行为是保命，不要轮到自己，不管 A 的方案是什么，都同意，以尽力避免轮到自己。

C 的情况和 E 相似：无论 C 的方案是什么，D 为了保命都同意，此时 C 将获得超过半数（3 个人）的票。他的方案一定也是 100 个金币全给自己。所以不管 A 的方案是什么，他都反对，以尽快轮到自己。

B 的情况和 D 类似，他提方案的时候，还有 4 个人，C 和 E 不会同意他的任何方案，他也死定了。因此，他的利益最大化行为也是保命，避免轮到自己提方案，因此一定同意 A 的任何方案。

所以，不管 A 的方案是什么，都会获得半数以上的 3 票：A 自己一票，以及 B 和 D 的票。A 的方案必然是 100 个金币全归自己！

是不是和直觉相反？这就是思维方式的重要性。

顺便说，如果读者对此结果有异议，多是因为忽略或者没理解利益最大化的假设。

还有一些博弈的均衡解，不是某一种策略（纯策略），而是混合策略。比如"石头、剪刀、布"的游戏，就没有一种策略是纳什均衡，应该随机出石头、剪刀和布，这就是混合策略均衡。不过有统计显示，文人们出布的概率最大。

人生如梦也如戏，请多多运用博弈论。

第10讲 寡头

决策相互影响
三国何以鼎立
寡头的纳什均衡
如何让人信任

　　纳什不研究经济学,纳什均衡也是数学(对策论)概念,为什么他会得诺贝尔经济学奖?这是因为纳什均衡假定游戏中的人,都追求自己利益的最大化。更重要的是,纳什均衡的思想为经济学研究开辟了新的方法,并对经济学中一些无解或者仅有不满意解的问题如寡头市场中的厂商决策,提供了新的更好的解决思路。

　　寡头市场,或者寡头垄断市场,是指几家厂商就占据了大部分市场份额的行业,但需要注意,在需求端仍是无数消费者。它们的产品大同小异,可以互相替代,产量规模虽有差距,但大体旗鼓相当。对于这样的市场,在运用博弈论分析之前,经济学家对行业中厂商行为的解释并不令人满意,因为解释力明显不足。

　　为什么经济学家没想到博弈论的方法,还得等纳什来告诉他们?这是因为经济学家以前解释的完全竞争、垄断和垄断竞争有一个共同点，即厂商进行价格和产量决策的时候，不用考虑或者几乎不用考虑对手的反应：完全竞争市场中厂商是价格的接受者，自己独立决定产量；垄断厂商没有对手；垄断竞争厂商也几乎可以独立定价和决定产量。解释这些市场，经济学家是得心应手的。但寡头的市场结构是全新的，因为其规模旗鼓相当，一家企业在做决策时，不得不考虑对手的反应，否则后果可能跟预想的差距甚大。各家的决策是互相影响而不是各自独立的，这是寡头市场的最大特点。因为经济学家已经形成了思维定式，所以解释这个市场显得力不从心。而博弈论恰好提供了分析利益互相冲突的对手策略的工具，经济学家立即运用它解释寡头市场的行为，结果证明卓有成效，解释力明显提高。

寡头市场里存在几家厂商，但究竟是几家并没有标准。这一市场的关键也不在于厂商数量是 3 家还是 5 家，而在于它们之间的决策是否相互影响，相互影响就是寡头。当然，厂商数量不会太多，否则相互影响就很小，就不是寡头而是垄断竞争或者完全竞争了。

三国时期的魏、蜀、吴三国鼎立，就类似寡头垄断局面，它们关于进攻与结盟的策略是互相钳制的。诸葛亮北伐前知会吴国声称共享伐魏战果，夷陵之战后陆逊没有乘胜追击刘备等等，都是考虑到三国间复杂的关系，遂使鼎立成为稳态，持续几十年，直到后来魏国势力占绝对上风，吴、蜀联合起来也不如时，僵局才打破，三分重归一统。

和完全竞争不同，寡头市场上每家厂商的产量都比较大，远非完全竞争的微不足道，所以它们都不是价格的接受者，都有定价权，但定价要考虑对手的反应。

既然整个行业就几家厂商，不难联系、沟通以至于达成协议，如果能联合起来共进退，几家凝成一家，就相当于垄断者，可以通过限制产量，先增加共同利润，再瓜分利润。这种行业联盟就是卡特尔（Cartel）。当然，卡特尔与真正的垄断厂商还是有区别的，几家厂商的生产和财务仍然是独立的。

问题是这些协议是纳什均衡吗？或者说协议是稳定的吗？会得到执行吗？

假如两家寡头达成协议，一起削减产量，以便抬高价格获利，但因为双方都是独立法人，可以遵守协议也可以不遵守：遵守就是合作、减产；不遵守就是竞争，偷偷增产或维持产量不变。协议不具有约束力，因此是非合作博弈。双方的策略及结果如表10-1所示：如果双方均合作，可以提高价格增加利润总量，然后平分利润，各得200；如果一方选择合作减产，而另一方选择不合作，也就是竞争，偷偷增产，减产厂商因平均成本提高会亏损，[①]而增产的厂商则因平均成本降低将获利。如果均选择不合作则产量增加过多，市场价格明显下降，双方均无利润。

表 10–1　市场上有两家寡头的策略和结果

		乙	
		合作	竞争
甲	合作	200, 200	–100, 100
	竞争	100, –100	0, 0

[①] 寡头厂商的规模一般偏小，也就是生产规模处于平均成本下降的阶段。

这个策略的纳什均衡有两个：（合作，合作）和（竞争，竞争）。因为给定对方合作，自己合作是最优选择；给定对方竞争，自己的最佳选择也是竞争。同理（合作，竞争）和（竞争，合作）不是纳什均衡，不是稳态，不会持续。显然，（合作，合作）比（竞争，竞争）要好得多。那如何让（合作，合作）而不是（竞争，竞争）出现呢？如果博弈不是一次而是多次或长期进行，只要采取一报还一报战略，合作的一方会报复竞争的一方，最后就可以实现（合作，合作）。如果博弈是一次性的，就必须取得相互信任才行。托马斯·谢林（1921—2016，2005年诺贝尔经济学奖获得者）曾提出一个办法，让对手拍下自己的不雅行为，作为要挟自己的手段。推广一下，就是把自己做坏事和丑事的证据交给对方，以求得信任。这相当于人质外交，当初子楚（秦庄襄王）就曾在赵国为质，以威胁秦国遵守其不攻打赵国的承诺。

如果没有信任，即使组成卡特尔，也很容易从内部被攻破。石油输出国组织（OPEC）是13个产油国家组成的国际卡特尔，合计产量大约占全球的40%。它通过控制成员国产量，维持或者阻止油价下跌。在这一点上，它有时能成功，有时会失败。因为影响成员国战略决策的因素太多了，各国产油成本不同，对石油出口的依赖程度不同，还有政治、外交、军事，甚至宗教因素，都会影响决策。沙特阿拉伯在OPEC中具有绝对的领导地位，其他成员都希望沙特阿拉伯减产带动油价上升，而自己不减享受油价上涨的好处。所有成员都遵守协议的难度太大了，所以会出现油价连续几年下跌的情况。这就是失败的卡特尔。

沙特阿拉伯在 OPEC 中的角色，在其他寡头行业也常见，它们是领导者，对整个行业的价格有最大的发言权，往往是价格和规则的实际制定者，别人很难改变这些规则。在计算机操作系统里，微软就是领导者，Windows 操作系统已经成为操作系统的代名词。苹果虽然在移动通信领域超越了微软，苹果手机有绝对优势，但 iMac 也就是笔记本电脑就没那么厉害，很多人已经习惯使用 Windows，再难接受苹果几乎非新的系统。当然，苹果很倔强，不想妥协。二者的竞争最后怎么样，还要再观察。

寡头市场偶尔出现戏剧性的价格战。一旦一个厂商决定降价，其他厂商必将迎战，跟着降价，要不然消费者多半就跑到对手那里去了，毕竟产品非常类似，消费者的忠诚度也经不起价格一降再降的诱惑。在价格还在平均成本之上寡头间不能取得信任，合谋又经常受到反垄断法制裁的情况下，竞相降价的好戏必将开演。在价格十分接近平均成本水平前，降价很难停下来，这是双输的局面，当然消费者喜欢这样的局面。

但是正因为双输博弈的教训，寡头们最后会变得聪明起来。既不涨价也不降价。降价是双输，涨价是自寻死路，于是寡头市场通常是非常平静的。没有卡特尔协议，但会心照不宣地维持高价格，闷声发财，形成类似三国鼎立的稳定局面。

可以说，有博弈的寡头市场是最有趣的市场。

第 11 讲 个人收入分配

> 要素市场
> 老板和员工可能互不喜欢
> 工资是边际生产力决定的
> 利息存在是因为现在比未来重要
> 地租和明星的高收入是一回事

我们前边的内容只涉及了产品价格。除了产品价格，要素价格也同样重要。产品是生产出来的，生产就要投入生产要素，比如劳动力、资本、土地以及企业家才能。在产品市场上，企业是供给者，个人（家庭）是需求者。要素市场则相反，企业变成需求者，而个人变成供给者。个人包括提供劳动力的工人（以及农民、公务员、艺人、知识分子等）、提供资金的资本所有者（在资本主义社会就是资本家）、提供土地的土地供给者，以及提供企业家才能的企业家。

要素价格其实就是收入分配。收入分配，就是企业在对生产有直接贡献的人之间分割销售收入。对生产有直接贡献的人，就是投入了生产要素的人，即要素的供给者，分配依据是要素的市场价格，这是所谓的第一次分配。除了第一次分配，还有第二次分配，也叫再分配，是政府收税并把税收分给一部分人。还有所谓的第三次分配，就是按照道德原则进行的分配，比如慈善捐献。我们这里说的只是第一次分配，也是最严格意义上的分配。

企业对要素的需求和消费者对产品的需求有很大不同。消费者对产品有需求是因为喜欢和直接需要。但企业对要素有需求，不是直接需要这些要素，而是因为生产才产生的需要，是间接的。老板不见得喜欢员工，员工也不见得喜欢老板，更有可能他们互相看不上对方。比如《西游记》里，唐僧一开始并不喜欢孙悟空，赶走了孙悟空，悟空也不喜欢唐僧，但悟空离开，唐僧就得被妖精吃了；离开唐僧，悟空就不能修成正果。为了各自的利益，才不得不成为师徒，进行合作。当然，后来在西天取经的艰苦岁月里，师徒二人结下了深厚感情。企业雇人，也和喜欢不喜欢无关。有些人有一种错觉，企业（老板）存在招工歧视。其实多数情况下，这种歧视并不存在。比如有人会认为，在美国有色人种被歧视，餐厅服务员中黑人不多。但那不是老板的意思，老板根本不在意他的员工是不是有色人种，只看员工能不能干活，可能老板更倾向于招有色人种员工，毕竟工资要求低呀！就算企业有招工歧视的情况，那也是因为顾客。顾客是上帝，如果顾客歧视有色人种的服务员，那老板只得放弃雇用有色人种。美国的体育俱乐部、娱乐业，就有很多黑人员工。不要黑人员工，弄不好俱乐部就得破产。据我的观察，美国航空公司的空姐中，年轻漂亮的少，以中年妇女为主，黑人很多，但中国航空公司的空姐几乎个个年轻貌美。这也不是中国的航空公司歧视中年或者不漂亮的女士，更可能是因为乘客偏爱年轻女士且年轻女士争相来应聘，航空公司也就乐得接受。

先说工资。

要素中最重要的是劳动力。工资就是劳动力也就是工人劳动的报酬。和产品价格一样，工资水平由劳动力市场需求和市场供给决定。我们假定劳动力市场是完全竞争的，也就是有无数家企业和无数个劳动者，劳动者提供的劳动力无差异，进入、退出市场自由，劳动力市场信息完全，同时企业生产的产品的市场也是完全竞争的。这是为了分析的简化，如果不是完全竞争，最后得出的结论也差不多，但分析起来就比较麻烦。

对劳动力有需求的企业，需要投入（相当于购买）多少劳动力（一般以劳动时间为单位）？企业追求利润最大化，和生产多少产品的原则一样，投入多少要素也必须坚持边际收益等于边际成本的原则。劳动力投入的边际收益，就是新投入的1个劳动力所增加的收益，是由此增加的产量（边际产量）与相应的产品价格的乘积。因为产品市场是完全竞争的，产品的价格是给定和不变的。劳动力投入的边际成本，就是企业新投入1个劳动力需要支付的代价，这正是企业支付给工人的工资。工资是流量，也就是一段时间（一周、一月或者一年）内的量（而存量是某一个时间点上的量），准确地说应是工资率，为照顾大家习惯，我们还是叫工资。既然劳动力市场是完全竞争的，劳动力的价格即工资就是给定的，边际成本就是工资。所以，企业投入的最后1个劳动力就是满足"劳动力的边际产量 × 产品价格 = 工资"的那个人。

这不难理解，如果这个等式的左边大于右边，也就是新增加的 1 个劳动力给企业创造的收益大于企业支付给他的工资，企业的利润增加，就应该继续投入劳动力。如果左边小于右边，即新增加的 1 个劳动力给企业创造的收益还不如企业给他的工资多，企业亏损增加，不应该投入这个劳动力，以减少亏损。直到两边相等，利润达到最大化。公式右边是个定数，而劳动力的边际产量是递减的，企业可以逐渐找到最后一个要雇的人。

一个有意思的问题来了，既然边际产量递减，第一个劳动力的边际产量最大，企业收益也最大，第二个劳动力次之，第三个又次之，依次类推，最后雇的那个劳动力的边际产量是最低的，给企业带来的收益也是最低的，但所有人拿一样的工资，这不是不公平吗？

不存在不公平。因为第一个劳动力的边际产量最大从而带给企业收益最大，不是他劳动的贡献大，而是与他配合的其他投入要素多。好比种粮食，第一个农民利用了全部的土地肥力（自然力），第二个农民利用的不如第一个农民多，接下来的农民利用的土地肥力更少。要知道，生产粮食不是只投入劳动力就可以，还必须投入其他要素，如土地。劳动的边际产量递减，是在其他投入要素保持不变时才会出现的现象，但并不是说不需要其他要素。没有其他要素，只有劳动，不会产出一粒粮食！而劳动力市场是完全竞争的（现实也是如此），单就劳动的数量和质量来说，每个农民是没有差异的，收益的差异是土地肥力差异造成的。每个劳动力应该得到同样的工资，工资不同反倒是不公平的。

不同行业的工资存在明显差异。这是怎么回事呢？根据"劳动力的边际产量 × 产品价格 = 工资"，劳动力的边际产量越大，或者产品价格越高，工资就越高。劳动力的边际产量就是劳动生产力。有些行业对劳动力的要求高，比如要求本科以上学历，他们的劳动生产力相对也更高，提供的产品和服务的价格也高，于是工资就处于较高水平，比如律师行业。有些行业的劳动生产力并不高，但处于垄断地位，产品的价格高，工资水平也很高，比如电力行业。环境恶劣或者危险的工作，需要更高工资才能吸引到人，这是为了补偿环境和危险给劳动者带来的心理压力，心理压力也是一种成本，高工资才能弥补，才可以吸引人。需要特别提醒，工资是预付的，也就是劳动开始前就要支付，不管是哪一天给付，月底还是月初，性质都是如此。

再看利息。

资本所有者是把资金借给（lend）企业的人。一个误区是资本所有者在分配中得到的是利润，这是不准确的，资本所有者得到的是股息。企业总收益在支付所有要素报酬包括企业家才能报酬后，如果还有剩余，也就是有经济利润，资本所有者又是股东，才能分得利润，也就是股息。但竞争性市场上没有经济利润，利息就是唯一的报酬。利息水平，也就是利息率，是预先说好的，利息率是利息与本金的比率。

利息率有两种：一种是我们正在谈论的微观经济学中的实际利息率，是企业进行投资，也就是购买厂房、机器、设备等产生的借贷资金的利息率；另一种是宏观经济学里的名义利息率，是中央银行或商业银行根据金融市场的情况决定的。企业实际投资的利息率，是借贷资金的需求和供给决定的，需求取决于企业的投资愿望，供给取决于社会储蓄水平。

我们主要说一下利息的性质。利息的存在表明未来的资金和现在的资金价值是不一样的，同样一笔钱放在未来其价值不如现在大，利息就是价值的差额。这肯定是一种主观或者认识上的差额，不是客观的差额，客观上两笔钱一样。这种认识或者主观上的差距，是人的正常心理，即高估现在、低估未来的体现。举例说，地震后交通通信中断，你不幸被压在瓦砾下无法动弹，坚持不了多久了。恰在此时有人经过可以救你，但人家也急于逃离险境。你有两个选择，要么付出很高的代价让人家停下来救你，要么再等几个小时，那时自会有人来免费救助。我想你宁愿选择前者，因为现在有人伸出援手可确保你生命无虞，过几个小时很可能就悲剧了，你不敢冒险。现在获救没有不确定性，未来获救则有不确定性，利息就是确定性的价值。物品的现在价值高于未来价值，小孩子最懂这一点。小孩要的东西就得马上到手，迟了就不喜欢了。那高估现在、低估未来一定是正确的吗？不一定。可能等几个小时你还在瓦砾下活得好好的，但人性就是这样，不敢等。

然后看地租和经济租。

说到土地，大多数情况不是买卖，而是租赁。土地的价格一般指租赁价格，也就是地租。土地的特殊性在于供给是固定的，地租水平和供给无关，只和对土地的需求有关，需求越大地租越高。纽约、伦敦、上海、东京这些世界性大都市的地租,以及相应的房租远高于一般城市,不是因为它们的土地质量更好,仅仅是因为需求太大。

地租是范围更大的经济租的一种。经济租是要素供给缺乏时的要素价格。明星经常获得很高的收入,但他们在性质上也是劳动力,不是资本家。明星成功是因为有特殊的稀缺资源或者技能,比如出众的外貌、嗓音、技艺、才华,因此具有某些垄断特征,从而赢得众人的喜爱,或者需求量巨大。饰演詹姆斯·邦德(007)的英国演员丹尼尔·克雷格的片酬是2500万美元。因为丹尼尔·克雷格只有一个,但喜欢007的影迷遍布全世界。庞大的需求推高了丹尼尔·克雷格的身价。明星的收入只有少部分与个人教育、培训、经验等这些普通的供给要素有关,大部分收入与这些无关,就是无法预料的需求使然。假定丹尼尔·克雷格不演戏,最高收入是去投行上班获得的每年100万美元,这是他演戏的机会成本(机会成本这个概念十分重要)。演戏收入超过去投行工作收入的2400万美元,就是他的经济租。能获得经济租,多依赖天分,普通人只能望洋兴叹。所谓"天生我材必有用",比如有些人普通家庭出身,除了杰出的戏剧天赋,没有什么资源可供利用,但还是成了超级明星,任你名校毕业、学富五车、琴棋书画样样精通,没粉丝也是惘然。

有人对明星比科学家赚钱多愤愤不平。那就问自己:是愿意给科学家捐款、买票听科学家做报告、把科学家的书全买下来送人,还是愿意买歌星演唱会的票、买明星主演的电影的票?从长期看，科学家的收入远高于一般工薪阶层，他们有较高的固定工资、补贴以及科研经费，更有学术荣誉，这些对后代教育亦大有裨益。我们当然应该尊重科学家的劳动，如果科学家用科研成果开公司并持有股份，希望大家不要指责他们唯利是图。比尔·盖茨的另一个身份就是科学家，其创立的微软公司是美国顶级的五个高科技公司（苹果、微软、谷歌、脸书和亚马逊）之一，他本人也曾是世界首富，但这恐怕是个例，明星收入比科学家高是更普遍的现象。再举一个例子，严肃文学作家路遥很了不起，《平凡的世界》也深受读者喜爱，但该书第一部首印只有 3000 册，没多少稿费。他 42 岁就去世了，当时只有 10000 多元，还不够还欠的债。再比如莫言得了诺贝尔文学奖，是世界级大作家，但在北京也买不起大房子。客观地说，大众对科学家和作家的现实需求没有明星大，稀缺程度也是明星更甚。君子爱财，取之有道。大家最应该反感的不是明星能获得高收入，而是靠贪污、受贿、行政垄断获取高收入的社会现象。

如果企业的总收益减去工资、利息、地租和其他租金后还有剩余，经济学就认为是企业家的贡献，是企业家才能的报酬，也就是正常利润，我们说过，正常利润是成本的一部分。企业家拿的是剩余报酬，其他人是固定报酬，旱涝保收，是预先支付的。其他人拿走相应的报酬之后，可能有剩余也可能没有，剩余可能多也可能很少。这就对企业家提出了很高的要求，干不好就白忙活了。所以经济学中有一句名言：一切利润归企业家。

这里要说明一下，上面的分析假设不存在税收。实际上，企业是不能把所有收益都分光的，一部分收入要交税，也就是间接税。这个问题我在以后会说明。

劳动收入说到底是有限的，成为明星和企业家都需要天分，普通人要想实现阶层跃迁，收入来源必须多样化，需要在积累土地和资本，以及金融投资上多留意。

第12讲 市场的缺陷[1]

---
[1] 本部分会出现一些新概念,以后会展开说明,在此不多解释。

市场可能无效
平等和效率
机会公平
无知之幕
投票循环

    经济学有个著名的定理——福利经济学第一定理：只要市场是完全竞争的，就能自动实现帕累托效率。法裔经济学家德布鲁（1921—2004）和美国经济学家阿罗（1921—2017）还用数学方法严格证明了该定理的成立，他们都获得了诺贝尔经济学奖。这相当于用数学方法论证了亚当·斯密"看不见的手"的原理，让人类坚定了对市场的信心和运用市场机制的自觉性。

    市场有效有一系列前提：产权明确、无垄断、无外部性、信息完全。但在真实世界里，产权经常是有争议的，比如空气就没有产权，有时河流这类资源也没有产权。垄断、寡头和垄断竞争市场中都有垄断势力存在。一个人给另一个人造成了损失，市场经常无法补偿，这就是外部性。一些产品一旦提供就无法收费，如公共道路，这些产品就是公共物品，是外部性的另一种表现。

保险市场中，经常出现逆向选择和道德风险行为。以上这些都导致市场无效率。

为进行帕累托改进或者达到帕累托效率，政府需要有所作为。比如政府的基本经济职能就是确定并维护产权。在反垄断、解决外部性和信息不对称方面，政府也能发挥重要作用，如制定和执行反垄断法，对污染企业课税从而降低污染损害（外部性），提供社会保险（即强制性的养老和医疗保险）以解决信息不对称。即使美国这样被认为是完全市场经济的国家，也对低收入者提供医疗补助、现金补助、食品补助、住房补贴等福利。

然而即使实现了帕累托效率，也不见得就是大家满意的。想象一下，如果把所有财富都给一个人，是不是达到了帕累托效率？虽然你可能不信，但确实如此。因为它完全符合帕累托效率的定义。财富都属于一个人的情况下，想让其他人变好，这个人的财富就要减少，如果这个人的财富不减少，其他人谁都别想变好。这不就是帕累托效率吗？但这样的帕累托效率是社会能接受的吗？当然不是，它一定不是令大家满意的社会。人是有同情心的动物，孟子说："恻隐之心，人皆有之。"恻隐之心就是要求平等。所以，即使实现了帕累托效率，也并非万事大吉。社会除了效率，还要求平等。平等和效率显然是有矛盾的，哪个也不能偏废。

对于什么是效率，是没有争议的，那就是帕累托效率。但何为平等，已经争论了几千年，共识不多。功利主义哲学专门研究什么是好的社会。功利主义哲学家中，有人就提出要结果均等，只有每个人的收入或者财富完全相等，整个社会的功利才达到最大。功利就是效用或者福利。计划经济年代，差不多就是如此。但这种一味讲究公平切财富蛋糕的原则，一定会打击人们创造财富的积极性，最后社会可能根本无蛋糕可切，这样的平等又有什么意义？好比赛跑，要求所有人同时到达终点，那还比什么呢？

结果均等不行，于是就有人强调机会均等，即所有人都要遵守同样的规则。赞成机会均等的经济学家比较多，这就相当于优胜劣汰。但人生而不平等，起点迥异。即使基于同样的规则，出身富裕人家和普通人家的人、天赋高的人和普通人，也根本谈不上公平竞争，结果依然参差，两极分化仍有可能出现。

哲学家约翰·罗尔斯（1921—2002）提出了"无知之幕"假说。一块幕布遮蔽了所有信息，人不知道自己的性别、种族、智力、健康、阶层、财富状况等信息。无知之幕下选择的分配原则，应该是公平的。这时，能获得一致赞成的分配原则一定是照顾最弱者。因为大家不知道自身的任何信息，但人人都希望自己好。而谁也不能肯定自己就不是那个最弱的，而最弱者的福利决定整个社会的福利水平，如同木桶的最短板决定木桶能装多少水。这一假说在逻辑上和伦理上几乎是无懈可击的。但在改善最差者状况的同时，部分人仍然可能变得极度富有，二者并不矛盾。万一出现这样的结果，也是社会可接受的吗？

还有很多关于公平的学说。比如柏拉图（公元前427—公元前347）认为，一个社会中最富者和最穷者的财富之比不能超过4∶1，等等。

但无论如何，一个基本结论似乎是，靠市场机制这只"看不见的手"无法实现平等。根据个人市场表现分配收入和财富，靠个人劳动、才智、运气发财，就是市场作用的结果。但政府也有必要对市场进行矫正，对市场决定的财富进行再次分配，如通过对富人征收更多的税给穷人提供补贴。

更严重的是，市场几乎必然存在非自愿失业和通货膨胀。对此，政府可以通过经济政策，比如货币政策降低通货膨胀，通过发债建设基础设施增加就业。

如果做得好，政府可以纠正市场的缺陷；但政府也可能失灵，不但不能解决市场的缺陷，还会引起新的问题。这并不是说某些政府政策会无效，这无关宏旨，而是说政府作用机制本身就可能失灵。著名的投票悖论就解释了政府失灵。

市场机制是分散的选择，是家庭、企业自己的选择，如我们购物、消费，苹果推出新手机，这些是由个人做决策。而政府决策则是集体或者集中的选择，又叫公共选择，一般多为众人投票决定，比如美国政府的财政预算是国会投票决定。投票的优点是避免暴力手段，更多反映公众意愿。但缺点也很明显，可能产生不了结果，无法做出最后决策，这就是政府失灵。对此，我们用一个特别简单的模型说明一下。

有一个公共事务，需要甲、乙、丙三人就 A、B、C 三个公共工程投票，以确定政府投资哪一项。甲、乙、丙的偏好如下：

甲：A>B>C；

乙：B>C>A；

丙：C>A>B。

（其中，>表示偏好。比如甲最偏好 A，然后是 B，最不喜欢 C。）

三个选项需要两两对决。如果先在 A 和 B 之间投票，那么甲和丙选择 A，乙选择 B，A 获得 2 票、B 获 1 票，按照通行的多数规则此轮投票 A 胜出。接下来就是 A 和 C 对决。乙和丙将会票投给 C，甲投票给 A，最后就是 C 胜出，A 和 B 被放弃。此时三个项目的排序是：C√A√B，√表示战胜。

但乙会提出异议，建议在 B 和 C 之间再投一次票。甲、乙都会投票给 B，C 只有 1 票，则 B√C，于是，C√A√B√C，这样甲又会表示不满，提出再在 A、B 之间对决一次，那么 A 将获胜。这就陷入了无限循环，C√A√B√C√A√B√C√A√B……永远不会产生大家一致认可的结果。

实际上，哪个工程胜出完全取决于投票顺序，先在 A、B 之间投票 C 胜出，先在 B、C 之间投票 A 胜出，先在 A、C 之间投票 B 胜出。这是一个极端的情形，但也预示着投票机制的内在缺陷，即公共选择机制可能失灵。2023 年 1 月，美国众议院议长选举，经过 4 天 15 轮投票，共和党的麦卡锡才获得足够的支持票，成为新议长，号称"164 年来最难产的众议长"。

除了福利经济学第一定理，还有福利经济学第二定理。后者认为如果最初资源配置不恰当，只要修正这个错配，继续让市场发挥作用，自由交易，依然可以达到帕累托效率。这说明市场在配置资源中的作用是基本的，应对市场有充分信心。政府发挥作用是为避免市场失当,但不能替代市场,政府不进入市场能有效发挥作用的领域应该是一条底线。

有人这样用福利经济学第二定理打比方:一个很好的女生看走眼,跟渣男谈起恋爱,不用担心,只要她离开渣男,继续自由恋爱、自愿选择,最后一定会与最适合的男生在一起。是不是有点道理啊?

市场可能有缺陷,但人类还没有找到比之更好的配置资源机制,而且好多所谓市场有缺陷的说法,可能只是对市场认识不够深入而产生的误解。这就是对所谓"市场有缺陷"命题的基本结论。

第 13 讲　外部性

全球气候变暖
《京都议定书》
谁是污染的受害者
科斯定理
碳排放权交易

　　被传染得了流感,餐厅吃饭时被二手烟呛到,吃亏的你无法索赔;上学时同桌是个漂亮女生,邻居把花园修整得赏心悦目,得便宜的你不必付费。这些在经济学上叫外部性,就是一个人做事给他人造成了影响,但无法通过价格机制解决。造成好的影响的叫正外部性,造成坏的影响的叫负外部性。正外部性很普遍,例如教育、基础研究、环境绿化,这些行为多多益善,应予以鼓励。不过,经济学家对负外部性更有兴趣,因为坏事得想法解决。

　　负外部性,最典型的例子是污染。一条河流,以前只有渔夫在此捕鱼,后来旁边建起造纸厂。造纸厂排污把河水污染了,影响渔夫捕鱼,这就是外部性。长久以来,世人的看法是造纸厂乃纯粹的加害者,渔夫则是纯粹的受害者,抨击造纸厂、同情渔夫才是正义。政府的传统做法也是尽力维护渔夫的捕鱼权,办法是限制造纸厂排放，或者征税提高其成本，迫使企业减产甚至关门。这做法当然奏效，但问题颇多，比如污染损害值是多少，这是减排和征税的依据，污染值难以评估就只能简单处理，对污染企业的处罚经常不免过重。那为什么不精确计量损失？因为成本太高，而且技术条件也未必能达到。这种简单的管制方式，一定是缺乏效率的。

经济学家科斯（Ronald Coase，1910—2013），提出了异于常人的思路和办法。科斯是英国人，活了100多岁，是1991年诺贝尔经济学奖获得者。和其他现代经济学家不同，科斯的论文很少用复杂的数学工具。但他深邃的思想，如同纳什，为经济学研究开辟了新道路。

科斯认为，污染的损害不是单向，而是双向的。固然，造纸厂污染了河流让渔夫受损，但一边倒地支持渔夫让造纸厂减产关门，造纸厂也一样受损。别忘了，渔夫是人，造纸厂的工人也是人，造纸厂也是社会的一部分，造纸厂和渔夫没有哪一方在道德上具有天然优势，两者都是利用河流生存，渔夫的利益并不必然高于造纸厂，厚渔夫而薄造纸厂没道理。

科斯指出，真正的问题不在于找出谁是干坏事的、谁是无辜的，这不容易厘清，而在于找到对社会有效率的解决方案。科斯此言，直击肯綮。污染问题的产生在于河流的产权不清，实际上河流是无主的。既然无主，渔夫可以捕鱼，造纸厂为什么不可以利用河流排污？如果把产权界定清楚，问题就容易解决。

科斯定理说，假如没有交易费用，不管初始产权如何分配，只要允许自由交易，最后的结果一定是有效率的。交易费用就是完成交易的成本，搜寻交易信息、谈判、执行协议都需要成本。

就像阿拉伯数字不是阿拉伯人，而是古印度人发明的，"科斯定理"这个术语也是张冠李戴，它不是科斯而是斯蒂格勒（1911—1991，1982年诺贝尔经济学奖得主）提出的，但确实反映的是科斯的思想。

按照科斯定理，不管把河流的产权赋予哪一方，只要双方可以自由讨价还价，最后的结果对社会都是一样好的。这个想法令人错愕，是否真的如此，我们就来分析看看。

比如把河流产权授予渔夫，只要渔夫不同意，造纸厂就不能排污，也就是不能开张造纸。此时，渔夫会禁止造纸厂排污或者生产吗？假设造纸厂一年的利润是100000元，渔夫一年的利润为10000元。如果造纸厂不开张，社会的总利润或者总福利就是渔夫的10000元。但只要允许自由交易，而且交易费用不大，这不会是最终结果。造纸厂一定会派人上门和渔夫商量，如何开张造纸赚钱。须知，渔夫捕鱼是为自己好，不是为造纸厂坏，好处就是每年获得10000元。只要能获得10000元或以上的好处，就没理由不同意造纸厂的开张要求、放弃捕鱼。问题在于，造纸厂愿不愿意付出这个代价。它当然愿意，不愿意就损失100000元，愿意的话，在支付给渔夫10000元后还剩90000元。理论上，造纸厂支付10000元渔夫就会同意，实际结果可能更高些，我们可以假定是15000元。这样，社会总福利从渔夫的10000元变成渔夫的15000元和造纸厂的85000元，共计100000元，整个社会福利增加了 90000 元。

强调一下，造纸厂不会因为获得排污许可就胡乱排放，因为它不是为了污染而污染，而是为了利润最大化，它的利润就是 100000 元。和这一最大利润对应的产量是唯一的，从而排污量也是唯一的，增加排放会减少利润，划不来。

假如把河流产权授予造纸厂，造纸厂不必经过渔夫同意，就可以随意排放，情况会怎样？造纸厂的生产规模和利润还是照旧，但渔夫要想如常捕鱼，就得支付 100000 元或者更多给造纸厂，而他一年的利润只有 10000 元，只能放弃捕鱼、转行。如此，社会的总福利还是 100000 元，和把河流产权给渔夫是一样的。同时，污染水平也是一样的。

那么，使造纸厂利润最大化的排污量是如何确定的呢？我们可以分析一下。

仍然先看河流产权属于渔夫的情况。开始的时候，企业真的一点也没有排，也就是没有生产，这当然不行，万事好不容易俱备，哪能不生产。于是找到渔夫问，想排 1 单位（具体是多少可以暂不考虑）废水，需要给他多少钱。对捕鱼来说，排 1 单位废水对河流影响很小，少打不了几斤鱼。只要企业给的钱比渔夫的损失大，他的净收益增加，他就会同意。

我们讲过两个原理，边际收益递减和边际成本递增。对于企业来说，刚开始生产也就是刚开始排污（这两个事情是一体两面的）的时候，边际收益（即刚刚增加的 1 单位产量，对应着 1 单位污染量）很大。对于渔夫来说，边际成本也就是刚刚的 1 单位污染造成的损害是很小的。造纸厂的边际收益远大于渔夫的边际损害。或者说，企业能够支付的价格远大于渔夫的要价，肯定能成交。比如前者是 1000（单位无所谓，下同），后者是 100，成交价格可能是 150。这是一个双赢的结果。

随着企业排放的边际收益持续减少，渔夫的边际损害逐渐增加，企业能够支付的价格和渔夫的要价之间的差距不断缩小。例如排放第 2 单位污染时，前者是 800，后者是 200，成交价是 300。

假如排放第 9 单位污染的时候，企业的边际收益只有 550，而渔夫的边际损害增加到了 450，二者更接近了，但依然能成交，比如 480。

到排放第 10 单位污染的时候，企业的边际收益和渔夫的要价完全一样了，都是 500，也可以成交。

但企业不会再排放第 11 单位了，因为边际收益低于 500，假设是 480，而渔夫的边际损害已经大于 500，比如到 600 了。对企业来说，此时不如不排。排放总量是 10 单位时对企业是最优的。

那把河流产权交给造纸厂又怎么样呢？

理论上，造纸厂可以随便排，渔夫只能接受。但企业不可能这么干，因为企业利润最大化的必要条件就是边际收益等于边际成本，即二者之差也就是边际利润是 0，生产和污染都以此为限，超过了这一限制有害无益。假设造纸厂边际利润为 0 时，对应的污染是 15 单位，如果渔夫不来讨价还价，这就是造纸厂最大的污染水平。

渔夫一定会来，在这个污染水平，水质太差，渔夫几乎无鱼可捞。他一定来问，给多少钱可以减少1单位的排放。给一点钱造纸厂就同意，因为排这1单位，造纸厂的利润是0，无损失。但此时渔夫的边际支付意愿最高，因为此时他的边际损害最大，自己治理污染成本太高了。此时容易成交，比如800（实际可能不用这么多）。

二者继续商量，再减排1单位，价格是多少？造纸厂要价提高，因为边际收益或者减排的损失提高。同时，渔夫的支付意愿下降，因为边际损害下降，假设成交价格是700。

这个过程继续下去，什么时候停止？

还是那个原则：企业的边际收益与渔夫的边际支付意愿相等。和上一种情况一样，成交价格也是500。最后的排放水平还是10单位。

上述讨价还价的过程，没有管制，没有征税，是一种分散的市场方式。只要产权明晰，不管将河流产权赋予哪一方，最后的污染水平和社会总福利都是一样的，分散决策是有效的，或者说不可能有更好的结果了。

注意，这里假定造纸厂和渔夫都追求自己的利益最大化，这是经济学的基本假定。

科斯定理最大的实践，就是著名的全球碳排放权交易机制。

主流科学家目前的共识是，气候在变暖，后果是海平面上升、沙漠面积扩大、极端天气增加、农作物减产、物种灭绝等等。如果不把地球气温升高的幅度控制在相对于工业革命前的2.0℃以内，人类前景堪忧。气候变暖是因为温室气体效应，温室气体的排放以二氧化碳为主，还包括五种其他气体的排放，统称碳排放。碳排放主要是人类生产活动造成的，要想控制气候变暖，就得减少碳排放。

全人类共用一个地球，减排不是个别国家的事。1992年，联合国通过了《气候变化框架公约》，大多数国家都签了字，没有一个国家反对。在这个公约下，1997年150多个国家和地区又签署了《京都议定书》。2015年，《京都议定书》又被《巴黎协定》取代。到目前，《巴黎协定》是人类解决气候变暖问题的最关键协议，提供了全新的碳减排机制，是人类高度智慧的结晶。

《京都议定书》和《巴黎协定》的理论基础正是科斯定理。其大体运行机制是：先计算出每年全球可接受的碳排放总量，按照一定标准分配给各国，各国再分配给内部各个地区。各个地区，比如日本的东京，再把额度平均分配给排污企业，如给每个企业分配10吨。但各企业排放水平和减排水平不同，有的企业额度不够用，而有的企业有剩余，额度不够用的企业需要更多额度才能维持生产。于是，后者向前者出售配额，交易价格由市场决定。其原理和造纸厂与渔夫的交易类似。这样碳排放总量不变，环境可以承受，又照顾到了前者正常生产的需要。

很多人可能认为，没有污染才是最好的。这种想法是错误的。零污染对人类而言不是最优的。大自然有巨大的消纳污染的能力，比如疾风能吹走笼罩城市的雾霾，植物也可以吸收二氧化碳净化空气，人类不利用这种能力生产发展也是一种浪费。

我小时候在农村生活，记得夏天的时候大人们常去河边洗衣服，利用流动的河水洗衣服很省事。严格说这也是污染，会产生外部性，但影响轻微，和造纸厂排污不可同日而语。可话说回来，除非人类不存在，只要人类还生活在地球上，就一刻不能停止生产，而任何生产包括采取最严格防污措施的生产都会产生污染，人类生理活动本身也会消耗环境。环境保护的必要性，很大程度上在于生态环境有可持续发展的要求，极端追求零污染过于理想化，也不利于人类社会的发展。

人在贫困的时候对环境的要求低，不会去大酒店吃饭，在哪儿吃不重要，有没有吃的才要紧。贫困的时候，吃的是否健康，也远不如吃不吃得饱要紧。富裕的时候，对环境就在乎了，就可能去大酒店吃饭，而且更在意吃的是否健康，不再是吃饱。人类首先要解决温饱，在这个过程中，难免会污染环境，因为发展经济和保护环境二者难以兼得。过度环保是一种奢侈品，成本太过高昂。公众不会同意为环境而放弃发展和生存，只能优先发展经济，发展起来后，才能有治理污染的能力，同时公众的环保意愿也上升了。

各国发展的历史表明，经济发展过程中，环境不可避免地要经历先恶化后改善的过程，这叫环境库兹涅茨曲线。以北京水系来说，从20世纪70年代末大力发展经济开始，逐渐恶化。前些年，人们对此抱怨并不大，因为人们更偏好的是眼见的收入增加、生活改善。到2000年左右，北京开始大规模治理被污染的水系，这一方面是因为有经济能力治理了，另一方面也是因为人们对治理的呼声更高了。现在的北京水系，是干净清澈的。当然，环境保护仍任重道远，在任何时候，人们都不能故意破坏环境，如随地吐痰等。

再如，儿童接种疫苗能预防多种传染病，传染病产生的就是负外部性。但如果按市场价格自费接种，不接种的人可能不在少数，这样一来，不但自己可能罹患疾病，更可能传给别人。解决这类外部性，政府常常可以发挥重要作用，利用政府的强制力要求所有符合条件的儿童接种疫苗，当然政府买单，这就是有效解决之道。

世界并非总是田园牧歌般美好，负外部性无处不在，我们有时不得不容忍它。

第 14 讲

公共物品

"9·11"与反恐
灯塔的故事
非排他性和非竞争性
三个和尚没水喝
道德和知识

2016年10月，我曾去位于纽约世贸中心双塔遗址的"9·11"纪念馆参观，两个下沉的巨大黑色方形池子上铭刻着将近3000名罹难者的名字，流水轻轻覆过。"9·11"深刻改变了世界，变化之一是各国增加了反恐力度。反恐是为公共安全，而公共安全就是经济学所说的公共物品，也就是每个人不管是否付费，都可以消费的物品。它可能是产品，也可能是服务，还可能是其他。公共安全就属于服务。

最早受到关注的公共物品是英国早期的灯塔，灯塔建在海港附近，作用是防止船只触礁。一旦建好，任何过往船只都可以得其指引，没法把任何一只船排除在外，这是公共物品的非排他性。而且不管多少船只经过，一个灯塔就够了，不用额外再添加灯塔。一只船受灯塔引导和指示不会影响另外一只船享受同样的服务，这是公共物品的非竞争性。这是需求一端的情况。

在供给端，建造的人大概也是因为自己需要灯塔才建，但是因为公共物品具有非排他性，阻止不了别人使用。既然阻止不了，收费行不行？也不可行。因为人家不交费，你也无可奈何。于是，对灯塔有需求的人都只想着搭便车，等别人建，自己乐享其成，而谁建谁傻。

除了灯塔，还有很多公共物品的例子。开放的高速公路、开放的空旷海滩、环境绿化都是公共物品，都具有上边说的非排他性和非竞争性两个属性。

最典型的公共物品是每个国家的国防。显然不能排斥任何人受到一国国防的保护，这是非排他性；而且一个人受到国防保护，一点也不会影响别人也受到同样的保护，这是非竞争性。

一些私人物品经常被误认成公共物品。最常见的误解是认为基础教育是公共物品。其实，基础教育和高等教育一样，都具有一定程度的竞争性和排他性，学校的学位是有限的，由此产生竞争性，排他是很容易的，私立中小学就是通过收费排他的，而进入大学需要经过选拔性考试。所有国家都提供基础教育和部分高等教育，不是因为它们是公共物品，而是因为各级教育都具有外部性，而且是正的外部性。正外部性和非排他性有一点像，都是好处有外溢，但它们又不完全一样。举例说，商店里的花很漂亮，谁都可以看，这是正的外部性，但不花钱就拿不走，这是排他性。基础教育具有很大的正外部性，给人际交往、社会治理提供了极大的便利，但照样可以收费、排他。从这个意义来看，有经济学家认为非竞争性才是公共物品更核心的特征。基础教育可能还有一点非竞争性，而高等教育几乎完全没有。加之高等教育传授的是高级专业知识，大部分人一生用不到，而基础教育用处最大，我在序言里提到过，起码学了小学算术可以识数算账。所以，政府主要投资基础教育，而高等教育几乎是完全意义上的私人物品，市场能有效提供，不用管太多。

话说回来，公共物品的搭便车现象太普遍了，直接造成公共物品供应不够的困境，所谓供应的意思是"出钱"。

人人皆知的"三个和尚没水喝"就是搭便车的经典例子。

只有一个和尚时，他自己挑水喝，因为没有人可以让他搭便车。挑水相当于花钱买水，是市场行为，市场是基于自利的交易，只不过这里的货币是挑水的劳动。有两个和尚，就开始有搭便车的问题。假如一个人挑水，两个人喝，不劳动就是搭便车。两个人一起抬水也有搭便车问题，出力少的是搭便车的，但并不严重也容易协调。抬水也是市场行为，基于自利的合作。三个和尚，一个人取水另外两个人就是搭便车的，但我认为三个和尚也能合作，就是协调的难度稍微有点大。谚语中的"三"应是虚数，比如一个好汉三个帮、三令五申、三思而后行等，实际应该是个很大的数字，这时候搭便车的太多了，而协调也太过困难，自愿取水或者市场化取水难以实现，于是没水喝。庙里解决没水喝的办法是什么呢？就是选出一个和尚做方丈，方丈就是权威，由方丈指定挑水或者抬水的人。

公共物品涉及的人更多，需要更高的权威来协调，而且需要很多的资金和人力支撑，只有政府能做到。政府通过征税来解决公共物品供应的搭便车难题。可以去看看政府的预算，里面就有国防、公共安全等的支出安排。政府提供公共物品不是有多少钱办多少事，而是反过来，根据公众需要什么、需要多少，然后看要收多少税。政府如何确定公共物品的供应规模？在中国，财政部门根据往年数据并考虑到新情况，制订初步计划，交由各级人大开会投票来决定。其他一些国家可能是它们的议会开会投票决定。这个过程就是我们在市场缺陷部分已经说过的公共选择。

顺便说一下，研究公共选择是经济学的重要分支，肯尼斯·阿罗、詹姆斯·布坎南（1919—2013）和奥斯特罗姆（女，1933—2012，第一位获得诺贝尔经济学奖的女性）因为这个领域的研究成果获得了诺贝尔经济学奖。其中，阿罗提出了阿罗不可能定理，布坎南创立了公共选择理论，奥斯特罗姆研究公共治理。公共选择理论用经济学的方法研究政治问题，但同样坚持经济学的理性人假设，把原来经济学和政治学中割裂的人，重新统一了。公共选择理论就是所谓新政治经济学。

但是，并不是只有政府才提供公共物品，市场或者个人也可能供应。实际上，在1610年到1675年的英国，就有了10座个人建造的灯塔，同期负责建造灯塔的领港公会一个也没建，尽管它还有收费特权。还有人捐款建造公园、道路，这些也是私人提供的公共物品。但问题在于，一个社会中需要的公共物品太多，单靠市场或者捐助是不够的，更是不可靠的。私人建造灯塔没有改变灯塔的公共物品属性，灯塔依然是非排他和非竞争的。

最后，有些既不是产品也不是服务的东西，也是公共物品，如道德。和有德之人交往，每个人都能受到心灵的净化，产生愉悦的情绪，如饮甘露，这是非排他性。当然，道德也是非竞争的，大家都能感受到同样的道德力量。还有知识，如牛顿定律，同样具有非竞争性，大家都学牛顿定律，彼此相安无事；牛顿定律也具有非排他性，你无权剥夺他人学习牛顿定律的权利。当然，这里说的是那些正确的知识。这类特殊的公共物品，也具有明显的正外部性。传统道德中，孝居首，所谓"百善孝为先"，推崇善，有利于社会治理又不费银子，所以历朝历代均不遗余力地推崇。在今日，知识的传播，互联网当记首功，搜索引擎即是明证。知识就是力量，对知识的需求是整个人类的公约数，而对互联网公司来说，有流量就有广告收入，这是双赢。

除此之外，父母对于子女的爱，也应具有公共物品的特征，让我们给每个孩子全心全意的爱吧！

第15讲 信息不对称

书中自有颜如玉
逆向选择
医师资格证
道德风险
婚姻背叛
过度医疗

富家不用买良田，书中自有千钟粟。
安居不用架高堂，书中自有黄金屋。
出门莫恨无人随，书中车马多如簇。
娶妻莫恨无良媒，书中自有颜如玉。
男儿欲遂平生志，六经勤向窗前读。

　　这是宋真宗（968—1022）的《劝学诗》，全是大白话，好读易记，是填歌词的好材料。其中，"书中自有黄金屋""书中自有颜如玉"千百年来家喻户晓，说明这首诗拨动了整个社会的心弦，也算是不朽名篇。

　　其实，它更像是科举广告。从605年的隋朝始，到大清行将倾覆的1905年终，科举制度在中国存续1300余年。人类能持续千年以上的成例极少，科举必有其深刻合理性，其中之一是国家需要治世之能吏，而科举为国家提供人才备选。尽管不用科举也有别的办法选人，比如推荐，韩信就是萧何推荐给刘邦的，所谓"成也萧何"是也，韩信为刘邦成就霸业立下不世之功。但问题是内举不避亲易，外举不避仇难，这是人性的一部分，皇帝最厌恶的朋党就是这么来的。比如曹操就发现通过举孝廉，上来的是一群伪君子、庸才，于是他反其道而行之，他的"求才三令"不看忠孝之类的虚名而只重真才实学，于是笼络了一批杰出的政治军事人才。相反，袁绍就很重门第，最后他输给曹操，用人格局比不过曹操恐怕是重要原因。

科举肯定有弊病，比如范进这类人中举，就是悲剧。但评价事情要看整体，不能以个例否定整体。欲中秀才、举人，须背诵儒家经典、略有文采，进士及第还要对国家大事有独立思考、独到见解。在程序上，科举被当作朝廷大事，有专司的衙门，皇帝都经常参与命题和殿试。于是，在老百姓心目中，科举很神圣，很有信誉，科举也确实是普通人出人头地、光宗耀祖的不二法门。

对朝廷来说，科举是要选出有能力的人。但考生是不是有能力，各人自知，用人的朝廷却预先不知。广而言之，在签订交易合约之前，有些重要信息，一方清楚而另一方不知道，这叫"信息不对称"。它可能引发严重的后果，比如挑出没能力的人，这叫"逆向选择"，因为"正向选择"是选出有能力的人。因此需要想办法，让能力信息显现。科举相当于举子们给朝廷发送信号，有了这个信号，朝廷就知道该选谁、不选谁。

时至今日科举早就没了，但考试选拔人才的做法，保留下来了。高考即大学入学考试，很大程度上就是科举的替代。二者的不同之处在于，科举成功直接入仕，而高考成功只是获得入学资格，毕业了才能做事。高考的作用也是发送考生能力的信号。

一直有一个诟病高考的说法——"高分低能"，意思是考高分的考生能力未必高。它的另一层含义是，落榜的考生可能更有能力。这种说法也大有问题。因为高分的考生智商一般不低，而智商与能力有关，起码大概率如此。

现代社会分工细密，每个领域都有知识和技术门槛。不经历高等教育的严格专业训练，很难从事高复杂程度的工作。所以，机构招聘都明确有学历要求，公务员本科起步，最好"211""985""双一流"大学毕业，大学老师、研究机构人员基本都有博士学位，"海归"更佳。这不是歧视，而是有效的筛选手段。虽偶尔会有遗珠之恨，但这点代价可以忽略。如果不要求学历，甄别人才就是一本糊涂账，付出的代价可就不是一点点了。

除了大学毕业证，含金量高的证书还有医师资格证。

有病去医院而不是找江湖郎中，是现代社会人们的常识，因为医院是用现代医疗技术治病救人的。生病看医生是一种特殊的交易，医患地位严重不对等，患者几乎只能任凭医生处置，这时医生就需要取得患者的信任。但医学又是高度专业的技能，一般患者无从判断医生的能力。这里也存在信息不对称。医师资格证就是为解决信息不对称而实行的。只有经过严格考试和考核，才能获得证书。而不经过在医学院的长期学习，难以通过考试。医师的技术职务层级有主治医师、副主任医师、主任医师，分别相当于大学里的讲师（助理教授）、副教授和教授。每向上一级，又得经过学术和诊疗技术两方面的考核，而成为主任医师的，就可以认为是精通医术了。遇到重大疾病，患者通常会挂最贵的主任医师的号，从概率上说，是正确或者风险最小的选择。有了医师资格证书和技术职务头衔，病人不懂医学也无所谓，只要看下证书和头衔，就可以判断行医者的资格和水平。这就解决了患者甄别医生时的大部分难题。

医者父母心也非常重要，医师资格考核中就有医德的内容。在世界各国，医生几乎都是高收入群体，因为医学教育年限相对更长、费用更高，如果不能获得相对高的报酬，很难激励人们接受漫长的医学教育。更重要的是，医生收入高还与职业风险高有关，一旦发生医疗事故被认定有责任，就很难再行医赚钱，对此，高薪可以起到保险的作用。也因此，医生遵守医德也是对自己的一种保护。

几经修改的希波克拉底誓言，是对医生职业道德的最好概括。其中就有首先考虑病人的健康和幸福，不会考虑病人的年龄、疾病或残疾、信条、民族起源、性别、国籍、政治信仰、种族、性取向、社会地位，或者任何因素的内容。如果能做到这些，患者就更可放心了。

结婚是人生之大事。结婚是把自己和陌生人的命运相结合，也面临信息不对称之难题。做婚姻决定是不容易的，必得确认对方可靠方可托付。但路遥才知马力,日久方见人心。在相对短的时间内(人家不会久等),看清一个陌生人何其难也。

以前,婚姻靠父母之命、媒妁之言。这是一种比较可靠的安排。父母用经验帮子女甄别,关键是父母值得信任。天下不孝儿女很多,但对子女不好的父母鲜矣。人长大了就知道,世界上再没有比亲生父母更爱自己的人。而媒妁能获得信任是因为其专业。宋真宗说,"娶妻莫恨无良媒,书中自有颜如玉"。以前男孩子如果不是特别优秀、考不上功名,就早早地有人上门提亲。父母之命、媒妁之言,是可信的机制。

现代的年轻人很少再听父母和媒婆的,但也不是不认真对待婚姻大事,而是用先恋爱后结婚的模式。恋爱即披露和婚姻相关的多方面信息,如家庭、财产、能力、健康状况、性格的过程。钱锺书说:男女结婚前要结伴去旅游一趟,互相就知根知底了。这句话很有道理。

大多数人结婚前还有订婚仪式,订婚是承诺,也是向周边的人宣示,由此订婚能增加悔婚的代价,稳固双方关系。同时,订婚也是延长信息披露的过程,进一步确认对方的可靠性。订婚应有信物,比如订婚戒指,也有约束之意。《红楼梦》里,尤三姐就曾收到柳湘莲的宝剑为信物,宝剑是男子心爱之物,尤三姐有理由认为柳湘莲会娶她,但柳湘莲听到尤三姐的放浪传闻,欲弃之而索回宝剑。贾琏就说:"定者,定也,原怕反悔所以为定,岂有婚姻之事,出入随意的?"最后尤三姐用宝剑自刎,是为失去所爱,也是为自己的放浪买单。当然,柳湘莲最后也后悔了。

订婚过了一段时间，风平浪静，就到了结婚的环节。有钱人家自不必说，就是有些穷苦人家，也很讲排场，不免为此超出自身的财力而欠债。这也是广而告之，增加对方反悔的压力，人都是在意声誉的。西式婚礼上，新人对上帝发誓，无论顺境或逆境、富裕或贫穷、健康或疾病，都将忠实对方云云。中式婚礼上，也有不离不弃之类的许诺。凡此种种，都是怕对方背叛，夯实得之不易的婚姻。

信息不对称，结婚前有，结婚后也一样有。经济学里把签订交易合约之后，因为信息不对称而出现的不良后果叫道德风险，也就是违背承诺故意做出不利于对方的行为，用俗话说就是道德败坏。

婚前承诺不离不弃，婚后对方并无过错而自己见异思迁，就要毁弃婚姻的人是常有的，这就是道德风险。婚前任凭你再怎么睁大眼睛，无奈有人演技太好，隐藏手段太高，防不胜防。而且人是易变的，身份地位的改变往往会动摇婚姻的根基。仪式、发誓，对人都没有实在约束力。婚姻和恋爱不同，恋爱可以什么都不顾忌，而婚姻的本质是经济，经济手段也是制约背弃婚姻一方或者挽回自己损失的利器。

家庭如此重要，是社会的基石，需要法律的加持。各国婚姻法多有婚后所增加的财产属双方共有的条款，就是防止经济社会地位上升的一方毁约的经济手段。但这还不够，围城之中的人也需要自保的手段，如为保护自己的权益，签婚前合约，双方均承诺主动提出离婚的一方净身出户，这样的合约能更有力地维护婚姻。有人会问：婚姻自由，如果就是不爱了，也不能离婚吗？当然能，但要补偿无过错而精神和利益受损的一方。而经济补偿最实在，也算是精神安慰。

时至今日，机关和部分事业单位还实行公费医疗。在这些地方工作的人看病很少自掏腰包，也不用单位出，而是财政出，纳税人买单。于是就有人说，"一人看病，全家吃的药都有了"，就是市场化色彩浓厚的医疗保险也有过度治疗的可能，反正医保出大头。这也是合约生效后的道德风险，事前要问这些人，他们都不会说自己将如此行事。解决之道，也是从经济负担入手。比如规定起付额，超过额度才会报销，而且即使报销，也要再规定一个自付比例，如 20%。美国医疗保险中，自付额叫 deductible，这在一定程度上降低了医疗资源的浪费。

信息不对称还涉及一类特殊商品的交易——拍卖品。它们具有明显的稀缺性，并且有较高的知名度和较高品质，市场上没有类似的商品可参照。这类商品的价格就不是通过定价，而是通过拍卖确定的。拍卖是利用中介（即拍卖公司），采用公开的方式，在明确的规则下，通过公开竞价达成交易，以便把商品转让给出价最高者。如果不拍卖，难以最高价成交，这是拥有者的损失，当然也是效率的损失。普通商品不必拍卖，拍卖是有交易成本的，而普通商品容易获得，买者用不着去拍卖现场。

拍卖通常有四种方式。

第一种是英式拍卖，由低到高竞价，出价最高者获得拍品。每个人的出价都受现场其他人出价的影响，希望得到拍品的人唯恐他人得到，会积极向上喊价。英式拍卖下，拍卖的预期收入较高。

第二种是荷式拍卖，由高到低竞价，先定一个非常高而无人问津的价格，然后再向下喊价。也是由于心理作用，荷式拍卖的预期收益不如英式拍卖，也较少采用。

第三种是一级密封价格拍卖，竞价的人把价格写好，放进信封，封好。打开信封后，报价最高者获得拍品。实际支付价格就是价格最高者的报价。密封除了消除竞拍者的相互影响，主要也是为了解决围标问题，也就是竞拍者合谋出低价的行为，让每人显示自己的真实最高出价。

第四种是二级密封价格拍卖。一级密封价格拍卖还是没解决竞拍者按真实意愿出价的问题，因为成交价格和出价是一致的，竞拍者的实际报价还是可能低于其真实最高意愿，比如竞拍者的真实最高意愿是200万元，但如果倒数第二高竞拍者出价是190万元，前者就亏了9万多元，于是他只要出190.1万元（假设报价差是1000元）即可获得拍品。二级密封价格拍卖也是出价最高者得，与一级密封价格拍卖唯一不同的是，获得拍品不需要支付自己的出价，而是按第二高的价格出价。这样做的好处是，把出价和报价分离，竞价者将会按照自己的真实意愿出价。以上面的情况为例，如果某竞拍者愿意出的最高价是200万元，如果少报，比如报199万元，而出价第二高的人报199.1万元，自己就失去了获得拍品的机会；如果高报，比如报201万元，而出价第二高的人报200.5万元，他需要支付200.5万元才能获得拍品，超出了他对拍品的评价，也吃亏。所以，只有说真话才不吃亏。

珍稀古董、名人用品、著名艺术家的书画作品、互联网搜索关键词、政府拥有的土地资源等，经常通过拍卖方式出售，以获得最高的收入。以美国对频谱的拍卖为例，频谱就是无线通信中信号占据的空间，它们经常互相干扰，具有负外部性。按照科斯定理，拍卖可以明确产权，解决外部性问题。1994 年，美国联邦通信委员会主持了频谱拍卖。经过 47 轮叫价，拍卖了全部 5 张频谱许可证。这次拍卖采用的是 2020 年诺贝尔经济学奖获得者米尔格罗姆设计的"同时向上叫价拍卖"方式。竞拍者同时为一个或者多个频谱分别报价，报价是非公开的。每轮结束后，只公布每个频谱的最高报价。下一轮在此最高报价基础上，再按一定比例加价，比如按 5% 加价，直到没有更高的最高报价，拍卖结束。

信息不对称也被认为是市场无效的领域，但解决之道也不得不用市场机制。这再次证明市场机制的伟大。

第16讲 不确定性、风险和保险

随机事件
风险厌恶
期望收入和效用
精算公平保费
生命表

消费者购买的消费品组合中,保险是一类特殊的存在,而且在今天有愈加普及之势。那从经济学角度来看,保险是什么,又如何买保险呢?

生活中,有些事件是随机发生的,叫随机事件,"随机"的意思是没有原因,无法解释。比如中彩票,纯属偶然,称为运气。甚至说来令人泄气,人生成功的主要因素,可能不仅是聪明和努力,也有冥冥之中的运气。如果人生遭际坎坷,请不要太苛责自身。

人生充满风险,所谓风险,就是随机事件的一种状态:随机事件有多个结果,事先无法确定哪种结果会出现,但可以大致知道每种结果出现的概率。概率是对可能性的度量。概率如何得知?有些可以直接确定,如抛硬币,正面朝上和反面朝上的概率都是1/2，再比如掷骰子，每一面朝上的概率都是1/6。有些则是通过大规模试验和统计方法计算得出，概率论就是研究这些问题的学科。比如降水概率，就是通过计算机模拟计算出来的。

风险增加了消费者（也包括投资者）利益最大化决策时的困难，带来烦恼和损失。比如明天降水概率是30%，要不要带伞？带伞麻烦，不带可能淋雨。所以，多数人喜欢确定性，不喜欢风险，是风险厌恶者。

经济学家对风险厌恶者有更深入的刻画。在经济学家看来，风险厌恶者就是在期望收入相同的选项中，选择无风险或低风险的选项。期望收入，是每种可能结果的概率与其对应收入的乘积之和，粗略地理解就是平均收入。比如有两个选择：第一，肯定也就是100%能获得100元；第二，50%的概率获得200元，50%的概率获得0元，这相当于赌博。第一种选择的期望收入是：$100 \times 100\% = 100$元；第二种选择的期望收入是：$200 \times 50\% + 0 \times 50\% = 100$元。

虽然两种选择的期望收入一样，但第一种中的100元没有不确定性，肯定能得到，而第二种中的100元不是确定的，有可能得到200元，也有可能什么也得不到。风险厌恶者只会选择第一种，因为没不确定性，甚至有时会选择更低确定值的选项而不是期望收入更高但不确定的选项，比如第一种选择改为肯定能获得80元，期望收入低于第二种，但依然会被选中。

同样道理，在期望收入相同的情况下，选择第二种的叫风险爱好者，只有当确定收入大于100元时，才可能让他放弃第二种选择；认为两个选项无差别的，叫风险中性者。

还可以从效用角度描述风险厌恶者。对于风险厌恶者而言，无风险的或者确定性收入的效用大于同样期望值但有风险收入的效用。比如第一种选择中100元是确定的收入，其效用就大于第二种选择中的有风险的100元收入的效用。

风险厌恶者如何规避风险带来的损失呢？一个办法是去保险公司买保险。保险公司就是通过设计保险产品满足消费者避险需求的机构。这也是一种运用市场机制的办法。

以一个例子来说明如何买保险。某货车司机，正常情况下年入50000元，但长期开车可能罹患颈椎病，治疗费需要20000元。假设生病的概率是50%，又假设他是风险厌恶者，他在什么情况下会买保险？

假如不买保险，该司机患病情况下的收入是30000元，因为要自付20000元看病。不患病收入是50000元，他的年期望收入是：$30000 \times 50\% + 50000 \times 50\% = 40000$元。

假如买保险，保费10000元：不生病需要支付保费，剩余收入是40000元；如果生病，治疗费保险公司支付，收入还是40000元。他能获得确定的40000元，他的年期望收入是：$40000 \times 50\% + 40000 \times 50\% = 40000$元。

买不买保险，期望收入都是40000元，那司机买不买保险呢？那就要比较买保险和不买保险的平均效用，或者期望效用。

假如司机不同收入的效用如表 16-1 所示。

表 16-1 货车司机的不同收入、效用组合

收入	效用	收入	效用	收入	效用
30000	35	34000	38.2	38000	39.78
31000	36.1	35000	38.7	39000	39.86
32000	36.9	36000	39.19	40000	40
33000	37.6	37000	39.5	50000	44

不买保险时，收入有可能是 30000 元，对应的效用是 35；也有可能是 50000 元，对应的效用是 44，期望效用是：$35 \times 50\% + 44 \times 50\% = 39.5$。而买保险，收入是确定的 40000 元，对应的效用是 40，期望效用也是 40。确定的 40000 元的期望效用高于不确定的 40000 元的期望效用。而确定收入 37000 元对应的效用是 39.5，也就是说，不确定的 40000 元的效用只相当于确定的 37000 元的效用。不买保险，司机相当于有 37000 元的确定收入，买保险则有 40000 元的确定收入，对于风险厌恶的司机来说，他一定会买保险。

这个风险厌恶的司机最多愿意花多少钱买保险？当买保险后剩余的收入是 37000 元时，买保险和不买对他来说是无差异的，这时保险费是 13000 元。保险费超过 13000 元，剩余的确定收入就不足 37000 元，即使司机是风险厌恶者，也不会再买保险。

保险公司靠收取保费维持，保险公司的底线是不赔钱，收取多少保费才能保证刚好不赔钱？那就要看保险公司需要支付多少

治疗费。因为司机可能生病，也可能不生病，不生病保险公司就不必赔付，生病时需要赔付20000元，这时要用期望支付来计算。保险公司的支付期望是：20000×50%+0×50%=10000元。保险公司需要收取10000元保费才能维持收支平衡。这叫精算公平保费，简称公平保费，是理论上保险公司不赔钱时的保费。

但实际上，如果只有1个人投保，保险公司就有50%的概率会破产。因为一个人生病的概率是50%，一旦生病，保险公司就要支付20000元。谁也不能保证司机不生病，这是随机事件，所以保险公司不会只收取10000元，而是收入20000元，但司机最多愿意支付13000元，于是保险公司无法存在。

商业健康保险公司在现实中之所以存在，是因为很多人投保，保证了保险公司按照公平保费收取就能不赔钱，其背后的道理就是大数定律。当样本数足够大的时候，某个随机事件实际发生的频率几乎就是概率。比如，扔硬币每一面朝上的概率都是1/2，但可能前10次中8次正面朝上，甚至10次都正面朝上。但如果扔10000次，正面朝上的次数可能就很接近5000次，而如果扔100万次，正面朝上的次数就更接近50万次。这并不是说下一次的结果会纠正上一次的结果，每一次都是独立的，互不影响。大数定律，是数学家和统计学家的重大发现。

周边人侍奉生病父母如何不辞辛劳的故事很多，给人感觉天下孝子多矣，然而真实情况并非如此。"久病床前无孝子"更符合真实世界人们的感知，它是几千年来人们观察的结论和共鸣，从某种程度来说，符合大数定律。

第16讲　不确定性、风险和保险

你可能经常收到电信诈骗短信,叫你打钱,你不会上当,那为什么骗子们还这么执着呢?因为只要人群足够大,再低级的骗术和谎言也一定会有相当数量的人上当。在一个14亿人口的大国,哪怕万分之一的人信,骗子们就发财了。所以,骗子们用群发器不停地发信息。"宁可错发一千,也不放过一个",他们也是在运用大数定律。

当有很多人,比如10万人购买保险时,保险公司实际支付的医疗费总额就和公平保费几乎相等。保险公司在此基础上,再多收一点(比如加成5%)就肯定能实现收支平衡,继续加收所获得的就是保险公司的利润。一般来说,保险公司实际收取的保费是在公平保费的基础上再加两成(20%)。这是为了平衡意外情况(比如流行病的出现)和保险公司的运行费用。

这样一来,准确估计随机事件的概率就非常重要。人寿保险就是在英国天文学家和数学家哈雷(Edmond Halley,1656—1742),于1693年根据德国一个小城市的完整人口数据,绘制了生命表后才出现的。生命表[①]显示的是每个年龄的人在下一个生日前的生存概率(据此可以计算出每个人的预期寿命),寿险公司据此对不同年龄的人收取不同的保费(公平保费以及加成)就可以生存并赚钱。

这就是经济学对保险背后的原理的解释,是不是很有些启发呢?

---

① 登录 https://web.archive.org/,可查看美国人的生命表。

第17讲 什么是宏观经济学

大萧条
凯恩斯
就业、利息和货币通论
宏观经济学四大问题
合成谬误

1929—1933年,整个资本主义世界出现大萧条。以美国为例,大萧条期间工业总产量下降了50%,失业率达25%,数千家银行倒闭,股市大幅下跌。此前资本主义国家也发生过经济萧条,但都没有如此严重,而且没经历如此长时间的痛苦,更没有出现过所有主要资本主义国家同时发生危机的情况。此前,一般家庭的生活很好,汽车和冰箱都普及了,但突然间,岁月静好就被打破了,而且似乎看不到希望。整个资本主义世界处于风雨飘摇之中,这艘巨轮行将倾覆。

更严重的是,没人能说清为什么会如此,以前的所有经济理论,特别是最权威的马歇尔理论,都解释不了,因此束手无策。"国家不幸诗家幸",大萧条也成就了一位大经济学家,他就是凯恩斯。凯恩斯(John Maynard Keynes,1883—1946)出身贵族，父亲是剑桥大学哲学和政治经济学教授，母亲是作家，还当过剑桥市长。他从著名的伊顿公学毕业，考进剑桥大学国王学院数学系，并以第一名的成绩毕业；1905年因为考公务员，开始向马歇尔学习经济学；其后进入政府的印度事务部工作，1908年应邀任剑桥大学经济学讲师，而且一辈子只是讲师，没当过教授；1917年到财政部工作，任部长助理，参加1919年巴黎和会，有感而发写作出版《合约的经济后果》，雄辩滔滔，一时洛阳纸贵，从此名扬天下。在书中，他预计遭受战争赔偿的德国将发动报复行动，不幸被他言中，德国果然卷土重来，发动了第二次世界大战。他还写了数学著作《概率论》。在个人生活方面，凯恩斯身高超过1.9米，高大英俊，与倾慕他的俄国芭蕾舞女演员莉迪亚·洛波科娃（1892—1981）结为伉俪。在投资方面，他用业余时间做投资，去世时留有1500万美元的财产，在当时可以说是巨富。

他最重要的成就是1936年出版了《就业、利息和货币通论》，这本书的出版引发了一场经济学革命，即凯恩斯革命，他主张政府干预经济，以增加有效需求、减少失业。他的思想极大地改变了经济学的面貌。经济学从此分为微观经济学和宏观经济学两个世界，直到几十年后才勉强凑在一起，凑一起的理由是宏观经济学需要微观基础，意思是市场的作用还是基本的，政府干预应以不破坏市场机制为前提。经济学家从此分裂成两大阵营，凯恩斯主义派和反凯恩斯主义派。凯恩斯的理论对政府角色产生了颠覆性的影响，资本主义国家的政府从"守夜人"的小配角，一跃成为主动行动的"看得见的手"，凯恩斯的理论成了政府干预经济的

"《圣经》"。凯恩斯还是战后国际货币体系，即布雷顿森林体系的缔造者之一，被称为"资本主义的救星""战后繁荣之父"。

在《就业、利息和货币通论》中，凯恩斯提出，单纯依靠市场机制无法解决非自愿失业问题，而那时经济学的集大成者马歇尔的经济学理论用一句话概括就是：只要市场机制自由运转，就没有卖不出去的东西，只有东西卖不出去才需要减产和解雇工人，都能卖出去就不需要解雇工人，也就没有失业。而凯恩斯提出需要政府干预解决失业。他还指出，货币不是中性的，货币数量对均衡产量有重大影响，需要新的货币理论，从而推翻了自己老师的学说，创立了宏观经济学。真是"吾爱吾师，吾更爱真理"。[①]顺带说一下，《就业、利息和货币通论》是迄今经济学说史上最难懂的经济学著作，除了开创性理论本身就难懂，凯恩斯的行文也显艰涩。

宏观经济学是从整体上研究一国经济。在中国台湾地区，宏观经济学叫总体经济学，倒挺贴切的。以前为什么没有宏观经济学？因为不用政府干预，自由市场就能很好地运行。简单说，价格高，东西就卖不出去，就得降价，降得多了就又开始抢购，价格就向上恢复，因此价格始终在均衡水平附近，市场总能出清，也就是只要接受现行市场价格，东西就都能卖出去，人就都能找到工作。每个个体生存得都挺好，整个经济自然也是良好的，不用谁来操心。但是大萧条证明，价格机制也会出错，价格可能滞

[①] 这是亚里士多德的话（原话为希腊文），英文是：Plato is dear to me, but dearer still is truth。Plato 就是柏拉图，亚里士多德的老师。

涩在高位，东西就是卖不出去。一句话，个体之和不是整体，光研究个体不行，还得专门研究整体。好比一个人钱多了他的福利会增加，但如果给每个人都发 1 亿美元，所有人不会因此更富有，而是照旧。在影院看电影被前排人挡住了，站起来就能看清，但大家都站起来，电影就没法看了。把对个别人正确的结论加诸全体，叫"合成谬误"，宏观经济学就是纠正合成谬误的。

宏观经济学要解决四大问题，其中前三个是关于短期的，最后一个是关于长期的，是后来加上的，凯恩斯本人并没考虑把它纳入宏观经济学范畴。

第一，一个社会的合适的总产量是多少？不能太高，也不能太低。太高了不可持续，所有人 24 小时工作，产量一定很高，但没几天就都崩溃了；太低了也不行，就业不足，也就是失业多。这个合适的产量叫均衡总产量，或者均衡 GDP。

第二，总的价格是多少？不能太高，也不能太低。太高了会出现通货膨胀，太低了会出现通货紧缩。总的价格就是价格总水平或者 CPI。

第三，多高的失业率是可以接受的？不能太高，也不能太低。太高了，影响社会稳定，也降低整体社会的福利；但也不能是 0，追求 0 失业率的话，企业势必需要支付天价工资，企业难以承受。

第四，在长期，一国经济如何实现增长？

其中，均衡总产量是最根本的，其他都是派生问题。宏观经济学的核心使命是，确定一个国家合适的总产出水平，并利用经济政策实现它。

凯恩斯就是这样创建了宏观经济学。

要特别强调的是，在开始学习的时候，我们暂时假设资源是稀缺的、不足的。但在宏观经济学这里，很多资源不再稀缺，而是显得过多。如产品太多，经常卖不出去；同时，劳动力也似乎太多，经常出现失业。宏观经济学不再研究稀缺资源配置，而是研究如何尽可能多地使用过多的资源。但宏观领域和微观领域有很大不同，在微观领域，即个人、家庭和企业那里，资源（比如收入）或者资金依然是稀缺的，微观的价格机制依然是整个经济运行的中枢，微观经济学永远是经济学的基础和根本。我们也仍然可以说，经济学主要就是研究资源配置的。

第18讲 GDP 及其统计

>统计数据
>需求角度的 GDP：三驾马车
>供给角度的 GDP
>GDP 的缺陷

宏观经济学，是从总体上看的经济学。微观的"微"即小，是相对看得见或感受得到的，我们每个人就是微观的。总体就是大，但正因为大，我们才看不见。比如一个国家有多少人就是总体情况，但我们无法知道，十几亿人哪能数得过来。人口总数不是看出来的，而是统计出来的，宏观经济学的总体指标也是统计出来的。

统计不是 100% 准确的，不是完全真实的，而是一门科学、一种估计方法，如果运用得当，误差可以控制在可以接受的范围内，就是可信的。宏观经济学关注的主要总体指标有三个：一是总产出，这是最重要的指标；二是价格总水平，这里需要注意，不是价格，价格的本质是相对价格，是微观的，是对一个个具体产品而言的，价格总水平则是对所有产品价格的度量；三是失业率，是失业人数除以劳动力总数。这三大指标都只能靠统计，才知道相关数据。

总产出就是国内生产总值（gross domestic product），简称 GDP。它的定义是一个国家在一年内，所生产的全部最终产品和劳务的市场价值之和。

市场价值就是价格，不直接叫价格而叫市场价值，是历史习惯。经济学中的价值和价格长期并列，大家曾认为区分它们很重要。直到 1890 年马歇尔在《经济学原理》中把二者合一，其后在主流经济学中，价值和价格就是一回事了。当然，在《政治经济学》（国内大学政治理论课，不是更广泛语境中的公共选择理论）中，价值和价格还是两个概念。这是需要特别提醒大家注意的。在本书，我一般用"价格"，但有时也依照习惯叫"价值"。

产品和劳务是总产出的统计对象，产品是有形的，劳务是无形的。不要小看劳务，它和产品一样，都用来满足人的需要，提升人的福利。医生、老师、空姐、服装设计师、主播做的事，都是劳务。所谓"无形"是说没有实体的保存方式，劳务的生产（提供）过程和消费过程是同一个，生产结束，消费也结束。下了飞机，空姐的劳务就消失了，带不回家，只能留下美好回忆。

"最终"的意思是，消费掉不再继续卖。这是理解 GDP 的重点和难点。比如，面包的生产和消费过程如下：

农民：生产小麦，卖给粮食加工厂，价格为 30 元；

加工厂：把小麦做成面粉，卖给面包厂，价格为 50 元；

面包厂：把面粉做成面包，卖给批发市场，价格为 70 元；

批发市场：把面包卖给超市，价格为80元；

超市：把面包卖给顾客，价格为100元；

顾客：不再卖，吃掉。

在统计GDP的时候，只统计顾客吃掉的面包这个最终产品的价格——100元，而不统计前面环节的东西，因为它们都是中间产品。中间产品，就是继续卖而不消费的产品。只要继续卖，就是中间产品，就不是最终产品，就不统计进GDP。

历史上，很长时期，我们既统计最终产品也统计中间产品，叫工农业总产值，如果按照工农业总产值统计，上面这个过程一共创造的价值就是：30+50+70+80+100=330元。

问题是，若想只统计最终产品，那任何产品都既可能是中间产品也可能是最终产品，怎么区分它们？

答案是：不用区分。统计学作为一门科学，解决了这个难题。办法是：每个人、每个环节，只要把买进和卖出的差价，也就是增加值记录下来报告统计部门即可。上面的例子中，各环节的增加值分别是：农民30元，加工厂20元（50-30=20元），面包厂20元（70-50=20元），批发市场10元（80-70=10元），超市20元（100-80=20元），顾客0元，这些增加值加起来等于100元，正好就是面包的零售价格。

这是自然的，这里的原理是：产品不论经过多少个环节，它最后的售价一定是以前各个环节增加值的和。增加值是个重要概念，以后我们讲增值税时还会用到。

为什么不统计中间产品？因为GDP是人可以享受的福利，在整个过程中，人们的福利就是吃了一个面包，算上中间产品就夸大了福利。中间环节是可以人为拉长的，比如多批发一次，所以如果统计中间产品就严重失真，成了数字游戏，与福利无关了。

"所生产"的意思是，GDP 是生产概念，不是销售概念。产品生产出来，即使没卖出去，获得福利的可能性也增加了，也应该统计进去，而 GDP 的本质正在于此。生产 100 亿元的产品卖出 90 亿元，GDP 是 100 亿元；生产 100 亿元的产品卖出 120 亿元，多出的 20 亿元是以前的库存卖的钱，此时 GDP 仍是 100 亿元，而不是 120 亿元。当然，统计的对象必须是最终产品，你可以把没卖出去理解成企业自己卖给自己。但无论如何，和生产无关的价值不能统计，比如金融市场（股市）每天的成交额就与生产无关，不能算进 GDP。

"一年内"的意思是，GDP 只统计该年度生产的最终产品，不能统计以前年度生产的最终产品。2014 年，著名收藏家刘益谦以约 2.8 亿港币从香港苏富比拍卖会上购入"斗彩鸡缸杯"，这笔花费就不能计入 2014 年的 GDP。因为该拍品是明宪宗成化年间生产的，只能计入成化年的 GDP，不能再重复计算。

"一个国家"的意思是，只统计在该国境内生产的东西，不统计本国人在境外的生产价值。例如，阿里巴巴在新加坡的产值计入新加坡的 GDP，不是中国的；特斯拉在中国的产值计入中国的 GDP，不是美国的。

GDP 是经济学家和统计学家们经过几十年的努力，才创造并改进出的科学方法。对这一概念贡献最大的是库兹涅茨

（1901—1985），他因为在国民收入统计上的贡献，获得了1971年诺贝尔经济学奖。统计是宏观经济学的基础和出发点，没有GDP以及其他宏观统计指标，宏观经济学的研究无从开展。

这是对GDP的初步认识，我们还可以从另外两个角度进一步认识GDP。

从需求或者购买角度：计入GDP的最终产品终究要被买走，谁是它们的购买者？首先是个人（家庭）购买消费品（食品等），这里的个人不是微观概念，而是所有个人（家庭），所有个人的购买总和叫消费；其次是企业购买投资品，如机器设备，所有企业的购买总和叫投资；然后是政府既购买消费品（如办公用品）也购买投资品（如修建高铁的花费），政府购买的总和叫政府购买；此外，还有外国人也购买本国的产品和服务，这部分的总和叫出口，但国内的上述购买中有一部分来自进口，是外国生产的，不计入本国GDP，需要减掉。这样，从需求角度，GDP用公式表示就是：

GDP= 消费 + 投资 + 政府购买 +（出口 – 进口）

如果不考虑进出口因素：GDP= 消费 + 投资 + 政府购买。

把GDP分解成消费、投资和政府购买，这就是所谓的"三驾马车"。

从供给或者生产角度：GDP是生产出来的，要分配给和生产有关的人，那么GDP分配到哪里？分别是全体工人（包括工人、农民、知识分子等）的工资、全体资金供给者的利息、全体企业家的正常利润、企业分配给股东的股息、企业没有分配给股东的未分配利润、企业提取的折旧、土地供给者的地租、其他租赁要素供给者的租金，以及提供公共服务的政府的税收（此处为间接税，即对商品和劳务价格征的税）。这样，从供给角度，GDP 用公式表示就是：

GDP=工资+利息+正常利润+股息+未分配利润+折旧+地租+租金+间接税

正常利润经常以工资形式统计，此项可以省略，如此一来：

GDP=工资+利息+股息+未分配利润+折旧+地租+租金+间接税

2010 年中国 GDP 超过日本，经济规模仅次于美国，位居世界第二位，大约为 6 万亿美元；2021 年，中国 GDP 大约为 17.7 万亿美元。这些都是按照当时的市场汇率计算的。这意味着，全体中国人的福利总量是世界第二位。比总量更关乎人们福利的是人均 GDP，中国 2021 年人均 GDP 为 12551 美元。但这并不是个人能拿到手的，个人拿到手的叫人均可支配收入，中国人均可支配收入 2021 年是 35128 元，合大约 5000 美元，和人均 GDP 差得比较多。因为人均 GDP 在分配到个人手里之前，还要除去企业的折旧、未分配利润，以及交给政府的间接税。注意，以上这些个人收入是所有个人的和的概念。

GNP（gross national product）是统计一国国民福利总量的另一个宏观指标，叫国民生产总值。统计的基础是国民，只要是一国的企业和公民，不管在哪儿，生产的价值都算进来。比如特斯拉在中国的产值，要按持股比例算成美国的 GNP。

宏观经济学的几大指标，我们这里先讲 GDP，价格水平和失业率以后再讲。

GDP 是有缺陷的，比如没有考虑对环境的影响，GDP 生产过程中会破坏环境，降低福利，这一点 GDP 不统计，从这个角度看，GDP 被夸大了，人们的实际福利没这么多。但同时，非法活动、地下经济（逃税的经济行为）、无价格的非市场活动（如家务劳动，这一点日本比较突出）未纳入 GDP 统计，从这个角度看，GDP 又低估了人们的实际福利。但不管怎样，经济学家和统计学家还没有找到比 GDP 更好的表示整体社会福利的指标。GDP 还是比较准确的福利代表，它虽不是一切，但几乎就是一切。

有一个粗俗的笑话：两个人打赌，谁吃屎谁就能赢得 100 万元，结果两个人都吃了，按照 GDP 的定义，他俩的行为增加了 200 万元的 GDP。这是对 GDP 的恶搞，GDP 统计的产品和劳务是能给人类带来福利的东西，产品的英文叫 good，意思是"好的东西"，理性的人们是不会生产不好的东西的。尽管人们对一件事物的好坏的评判是主观的，但吃屎对正常人也就是理性的人肯定是不好的。GDP 没这么无聊！

到此，相信你已经明白了 GDP 是怎么回事。

第 19 讲 有效需求

萨伊定律：东西不会卖不出去
恐怖的大萧条
凯恩斯三个心理定律
有效需求决定短期宏观经济好坏

决定宏观经济好坏的因素是什么？在凯恩斯学说发表以前，经济学家普遍认为是供给，也就是由生产决定，生产的产品越多经济就越好，人们的生活也就越好。这也是普通人的直觉。而生产好不好，说到底不过是技术问题，不是社会问题，没什么好担心的。

但如果东西生产出来卖不出去，生产就毫无意义。这么简单的问题，经济学家们都懂吗？当然懂，不过他们认为，东西再多也不愁卖。凯恩斯以前的全部经济学，用一句话就可以概括：供给能够创造它自己的需求。这句话通俗地讲就是东西不可能卖不出去。这就是鼎鼎大名的萨伊定律。萨伊（1767—1832）是法国也是欧洲大陆当时最有名的经济学家。

有一点生活常识的人都不会同意萨伊定律，经济学家居然相信这么奇怪的理论，太不可思议了。

不过，这也不奇怪。萨伊定律成立是有前提条件的，主要是货币中性，货币对实际福利没有影响，仅仅在商品交换中起居间、介绍的作用，实实在在的商品才是财富，货币不是财富，人们不会保留货币，而是尽快把它们转化成真实财富，也就是不积攒货币、不储蓄。

萨伊定律认为，买就是卖。厂家为了生产，得先购买生产材料，购买的目的不是消费而是卖，是为了卖而买，买就是卖。生产豆腐就得买豆子，为了卖豆腐必须买豆子，买豆子就是卖豆腐，生产豆腐就是在生产对于豆子的需求，这是供给创造它自己的需求。

同时，卖就是买。厂家不会保留生产的产品，得尽快卖出去，以换回自己需要的其他产品，是为了买而卖，卖就是买。生产豆腐的人，不需要那么多豆腐甚至根本就不吃豆腐，他要的是肉，卖了豆腐就立即去买肉，卖豆腐就相当于买肉。这也是供给创造它自己的需求。

如果买就是卖，卖就是买，生产的过程就是创造产品需求的过程，生产得再多也不是问题，反正能卖出去。这也意味着没有非自愿失业，非自愿失业就是自己愿意干活但找不到工作。任何东西生产出来都能卖出去，那就应该多多生产，多多雇人，而不是解雇工人，除非工人不愿意干，而他们怎么会找不到活干呢？

当然，在某些地方或者某些产品，可能会有积压，但这种积压不会长期、大面积存在。因为总体上说，买卖是相等的。而且根据萨伊定律，卖不出去不是因为生产的太多，而是总的产量太少了，再多生产点，总需求就跟上来了，积压就会消失。比如：肉没全卖出去，是因为豆腐的产量太少了；豆腐生产多了，买肉的就多，肉就卖出去了。

萨伊定律并非不可思议，而是大萧条前世界的本来画面，一如田园牧歌般惬意。

在该理论下，经济好坏是由生产决定的，产量多多益善，多生产，一切万事大吉。当然，技术会限制产能，和今天比，那时的生产能力是非常有限的。同发愁有东西卖不出去相比，有钱人更愁手里拿着钱却买不到东西，钱在他们的观念中是烫手的山芋，攥在手里分分钟都是浪费。

但1929—1933年席卷整个资本主义世界的大萧条，打破了这份田园宁静。产品大量积压，卖不出去，这种情况根本不是局限于某些地方或者某些产品，而是每个地方，几乎所有产品都积压如山。同时，更可怕的是失业大军出现了，这是以前从来没有过的"末世景象"。

于是，萨伊定律破灭了，所有的经济学理论，尤其是彼时的经济学最大代表人物马歇尔的经济学完全无法解释这可怕的现实。但有一点是明确的，单靠市场机制不可能实现充分就业。

新的形势，需要新的理论。凯恩斯本来也是迷信萨伊定律，笃信老师马歇尔的学说的，但在不断碰壁的现实面前，他是清醒、理智的，采取了正确的态度，即不是维护而是转身对老师的学说开刀，提出新的理论。

要解决问题，就得知道症结所在，也就是需要正确的解释。和解决问题比起来，认识问题更难。医生开药简单，判断疾病的性质即找对病症才见真本事。凯恩斯在《就业、利息和货币通论》中，用三个心理定律解释了大萧条的成因。需要特别提醒，凯恩斯说的货币一律是现金。虽然今天的情况已经大为不同，货币形式多种多样，但凯恩斯说的道理依然成立。

第一，边际消费倾向递减。边际消费倾向就是新增加的1单位收入中，用于消费的部分。边际消费倾向递减的意思是，个人新增加的收入中，用于消费的部分越来越少。边际消费倾向递减的原因，当然是边际效用递减。

经济学里，个人的收入（可支配收入）只有两个去处，一个是消费，一个是储蓄。消费后的剩余，不管如何安排都是储蓄，注意不是投资。因为经济学说的投资是购买机器设备，是增加生产能力的行为。一般来说，个人没有投资行为，企业才有。个人的银行存款、买股票都不增加生产能力，都是储蓄，不是投资。既然边际消费倾向递减，新增收入中用于消费的越来越少，那么用于储蓄的就越来越多。比如开始增加的1元钱收入可能有0.8元用于消费，后来就是0.7元、0.6元、0.5元用于消费，最后用于消费的可能接近于0，几乎全是储蓄了。

第二，资本边际效率递减。资本边际效率递减的意思是投资的回报也是递减的，任何市场总有饱和的时候，投资到一定时候也会停止。比如新能源汽车市场，几年就趋于饱和，基本不赚钱，新投资急剧下降。投资就是购买投资品（如机器设备）的行为，于是投资者的一部分钱没花出去，也变成了储蓄。

第三，流动偏好。物品边际效用递减和资本边际效率递减，都不是凯恩斯的发明，流动偏好才是凯恩斯的原创。流动偏好就是喜欢流动性，流动性说白了就是现金。人们喜欢把现金拿在手里，以便在投机机会出现时能有钱入场获利。如果都花出去了，就将与投机机会失之交臂。这进一步增加了储蓄。

这三个原因加起来，就会造成大量的钱没花出去，变成了储蓄。而所谓大萧条，就是大量商品积压卖不出去。提醒一下，从现象上看，大萧条不是商品少了，而是太多了；而经济繁荣也不是商品多了，而是显得不够，大家争相抢购。

这样，大萧条的原因找到了：有效需求不足。有效需求指既有能力又有意愿的购买，包括购买消费品和投资品。

本来，有钱也就是有能力却不买东西是很奇怪的，不买东西怎么实现个人效用最大化呢？凯恩斯的三个心理定律，很好地解释了人们有钱也不花的道理。

有效需求不足的意思是，人们不是没钱、没能力，而是不愿意把钱都花了。理解这一点，需要明白背后的一个原理：人们手里的钱永远和市场上商品的价值相等。我们来看一个最简单的经济体系，即没有企业家、没有未分配利润、没有折旧、没有间接税、没有国际贸易的经济体系，此时的总产量，从收入角度看也就是"GDP=工资+利息+地租+租金"，这些都以现金的形式保留在个人手里，如果像萨伊定律说的那样，大家都不保留现金，全部花出去，市场上就没有卖不出去的东西，也就不会有大萧条。

但如果不是这样,而是由于凯恩斯说的三个心理原因,大量的钱没花出去,变成了储蓄,市场上必然存在大量的积压商品,大萧条也就噩梦成真了。储蓄的价值和积压商品的价值是相等的,它们是一回事,而失业和储蓄也是一回事。

我说过,宏观经济学的核心是确定一国合适的总产量,而总产量决定总的价格水平和就业。总产量就是 GDP,合适的总产量就是均衡 GDP。均衡 GDP 是既不多也不少的,因此是可以持续的产量水平,这个均衡 GDP 完全取决于有效需求,二者完全是一回事。有效需求大,均衡 GDP 就增加;有效需求小,均衡 GDP 就下降。所以,有效需求和均衡 GDP 一定是越大越好,因为不管多大,都可以持续。

所以,宏观经济的好坏就是有效需求决定的,这就是凯恩斯理论的核心思想。

第20讲 凯恩斯主义经济学

乘数效应
借债无上限？
破窗理论
萧条经济学的回归

单单依靠市场机制这只看不见的手，必然出现有效需求不足，从而均衡 GDP 不足，失业增加。凯恩斯主义主张，通过政府干预经济，增加有效需求和均衡 GDP，打破了此前政府只做社会守夜人的"铁律"。

简单说，凯恩斯主义的想法是：既然大家宁愿把钱拿在手里，也不愿意买东西，而拿着现金又没好处（到今天，美国主要银行的活期存款利率仍几乎是 0），不如把钱借给政府。政府给付利息，人们当然也乐意。

政府拿到钱以后，干什么呢？是不是直接到市场上，把积压的东西买回去？不能这么干。因为买回来，又卖给谁呢？不过是把市场积压的商品换个地方继续积压，对此，需要换个思路，用借来的钱做一些不需要再转卖而又解决失业的事。

这就是修建公共设施，如办公楼、机场、学校、医院、道路、桥梁、水坝等。修建公共设施需要大量劳动力，可以解决失业问题，同时也需要购买大量商品，既包括投资品，也包括消费品，市场积压就会减少。

那是不是市场积压了多少商品，政府就借对应数目的钱，以便把积压的东西正好买光呢？其实，不必借这么多。这里有个乘数效应：整个社会的购买是一条反应链，一个初始的购买行为会引发后续一连串的购买行为，最后总的购买价值是当初购买价值的数倍乃至十数倍。政府只要用相当于积压商品价值的一小部分钱启动初始购买，触发链式反应就行了。

比如市场萧条时，钢铁厂、饭馆、裁缝店、理发店、电影院……生意都差。此时，政府只需要借钱修建办公楼，买走钢铁厂的钢材就可以了。因为钢铁厂老板收入增加后，必然拿出一部分去饭馆消费，他老早就想去饭馆吃饭了，但苦于自己的产品卖不出去，现在终于卖出去了，肯定要去饭馆消费。同样，饭馆老板收入增加后，会拿出一部分去裁缝店做衣服；裁缝店老板收入增加后，会拿出一部分去理发店理发；理发店老板收入增加后，会拿出一部分去买票看电影……这个链式反应会自动发生，而且理论上是没有尽头的。整个社会都会随政府修建办公楼而转动。

假设此时每个人的边际消费倾向都是0.6，也就是新增加收入的60%用于增加消费。如果最初政府用10万元买钢材，则引起的购买总额将是：

$$10+10\times0.6+10\times0.6\times0.6+10\times0.6\times0.6\times0.6+10\times0.6\times0.6\times0.6\times$$
$$0.6+\cdots=10\times(1+0.6^1+0.6^2+0.6^3+0.6^4+\cdots)=10\times\frac{1}{1-0.6}=25\text{ 万元 }[1]$$

当初 10 万元的购买，引起后续 15 万元的购买，一共是 25 万元，是最初 10 万元的 2.5 倍，这就是乘数效应，这里的乘数是 2.5。考虑到乘数，政府借钱的规模就不必太多。政府花钱的作用在于激活市场。好比用药，即使是特效药，其作用也仅仅在于刺激身体机能的恢复，后者才是祛病的根本。

凯恩斯革命以前，政府也借债，在战争期间借债规模还很大。但政府的观念是保守的，负债是坏事，债务应是被动的，不应该主动负债，而且有债就要尽快还，债务多了会对后代产生不利影响。这是一种家庭式的理财观：以收定支，尽量平衡，最好有结余。凯恩斯以后，这个观念就被打破了。政府不再固守财政收支平衡的传统理念，赤字财政也就是支出大于收入成为常态，平衡倒是难得一见。例如，目前美国和日本的国债（中央政府借的债叫国债）规模都超过了它们各自的年度 GDP。

凯恩斯认为政府公共债务和家庭私人债务不是一回事。以需要后代偿还的长期借债为例，如果是家庭借债，后代人的收入用于还债，消费水平必然下降，前代人的债务就成了其后代的负担。因此父辈们要有责任心，除非特别必要，否则不要给后代遗留债务，因为后代不一定有偿还能力。但政府借债不一样，它不会对

---

[1] 根据等比数列求和公式。

后代产生负担。

因为后代人包括两部分：一部分是持有政府债券的人，他们的上一代购买了政府债券；一部分人是不持有债券的人，他们的上一代没买政府债券。到了后代还债的时候，政府只不过是中间人，把收入从不持有政府债券的人手里转到持有政府债券的人手里。后一代人作为整体，消费水平不会因为还债而下降。有人因此形容政府债务是"左手欠右手的钱"。当然，这是内债即政府向本国人借债时的情况。如果政府借的是外债，后代就有负担了，因为还债的时候，收入要从本国后代人转移给外国人，而本国的后一代又没享受到借债支出带来的好处，因为借的债当时马上就支出了，只有上一代才有资格享受债务支出的好处。外债对后一代是福利净损失，但内债不管借多少，都不是问题，只要政府信誉还在。这听起来有点让人吃惊，但道理就是这样。

美国政府支出的最大项目是社会保障（其他国家称为养老保险）和医疗保险，因为实行现收现付制，目前退休的人领取的养老金不是其本人以前交纳的，而是目前正在工作的人交纳的社会保障工薪税，加之人均预期寿命的不断延长，以及医疗保险费用一再上涨，财政赤字不断刷新纪录。发债早已主要不是为建造公共设施，而是为社会保障和医疗保险等筹资了。看国际新闻，经常有美国国会两党争论是否提高联邦政府债务上限的消息。因为法律规定了支付债务的上限，如果现有债务额度已无法保证过去承诺的支出，就需要国会批准提高债务上限，否则社会保障甚至政府一些部门的运转都得暂停，俗称政府停摆。实际上，美国政府停摆已经发生过几次,克林顿政府和特朗普政府时期都有这种情况。但争论归争论,一般都会在最后时刻达成协议。2023年1月,美国联邦债务上限大约是23万亿美元,而1917年开始设限时只有几千万美元。说实话,根本不存在什么上限,不够就得上调。为什么他们这么大胆?道理就在于内债没什么负担,而虽然美国国债大约一半被外国政府或者机构持有,但美国国债还本付息,用的都是美元,是美国政府完全可以控制的。只要美元信誉还在,不管借多少,都不是真正的负担。

难道凯恩斯主义的赤字财政就没有一点限制条件,政府借债可以毫无顾忌吗?不是的。凯恩斯主义经济学认为相应地借债刺激经济是有前提的,那就是经济中存在大量的闲置资源,商品、劳动力、储蓄都过剩。当存在大量商品过剩时,政府借钱买的是过剩的东西,而且是其中一部分,不会引起通货膨胀从而打乱商品的相对价格关系,不会影响微观主体的个人和企业决策。如果劳动力大量过剩,也就是失业严重时,政府借债建设公共工程,雇用工人也不会让工资水平明显上涨,给企业带来成本压力。如果储蓄是大量过剩的,政府借钱不会把储蓄借光,因此不会引起利率上升,从而抑制企业借贷和投资。但如果商品没有闲置,政府再借钱购买商品就是抢购紧缺物资。如果劳动力不过剩,政府再借钱雇用劳动力,整个劳动力市场会趋于紧张,工资不得不明显上涨,这都会引发通货膨胀。而如果储蓄不过剩,政府再借钱,势必引起利率上涨,降低社会投资。这还不算,关键是资源不存在大量闲置时,政府增加对资源的利用,几乎不会提高均衡GDP,

因为不增加额外资源无法增加 GDP，于是政府此时借钱没有任何好处。在这个意义上，凯恩斯主义经济学是萧条经济学，在经济萧条、资源过剩的时候，它才是有效和正确的。当然凯恩斯认为，资源闲置本来就是常态。

有个很出名的比喻——"破窗效应"：小孩子踢球，不小心把人家的窗户玻璃打破了，这一家就得买玻璃；过剩的玻璃被买走，并带来一系列的后续购买，增加了有效需求和就业，经济更繁荣。如果玻璃窗还好好的，经济就不会这么好，应该打破窗户，破坏表面是坏事，其实是好事。但如果此时玻璃不是过剩而是紧俏，把窗户打破除了让玻璃更紧俏、价格更高，没任何好处。破窗效应说的正是凯恩斯经济学，它的局限是明显的。

凯恩斯经济学从一开始就受到诟病，有经济学家（比如奥地利学派）认为其治标不治本，市场过剩并非很严重的问题，不过是市场正在发挥作用淘汰落后产品的一种暂时现象，正确的做法是耐心等待，让市场的功能恢复，以消化过剩的产品。政府的刺激政策不但可能无助于解决过剩，还可能造成新的更大的过剩，然后再进行更大力度的刺激，形成恶性循环。20 世纪 30 年代，哈耶克和凯恩斯曾就此展开激烈辩论，在长期过剩的事实面前，哈耶克输了，凯恩斯主义成为经济学的新主流。在凯恩斯出版《就业、利息和货币通论》之前，美国罗斯福政府已经出台过政府刺激经济的"新政"，有了凯恩斯的理论后，再搞类似新政就更有底气了，于是凯恩斯主义的刺激政策大行其道。但 20 世纪 60 年代后，美国等国家奉行凯恩斯主义政策造成了滞胀，经济停滞和通货膨胀同时出现，凯恩斯主义经济学对此无法解释。因为根据凯恩斯的理论，当经济停滞时，商品严重过剩，大家都不买东西，不可能发生通货膨胀；而当通货膨胀严重时，消费者热情高涨，商品不会过剩，经济是繁荣的，经济停滞和通货膨胀不能共存。20世纪80年代后，凯恩斯主义逐渐归于沉寂，主张不干预市场的货币主义等经济学派开始占上风。

然而风水轮流转，2008年美国发生的次贷金融危机波及全球，凯恩斯的萧条经济学又高调回归，各经济大国这次没有任何犹豫，立即启动重磅的刺激政策，例如中国出台了总额为4万亿元[①]的救市计划，日本的刺激计划更猛，可称"大水漫灌"。虽然凯恩斯主义可能有种种弊端，但见效快、好用的优点，能使人们很快重拾信心，冲淡了这些弊端。

---

① 具体数额有争议。

第 21 讲 税收

> 人生之不可避免
> 直接税和间接税
> 增值税的精巧设计
> 苹果手机为什么贵
> 摊丁入亩

税收的历史和国家等长，每个人的一生都要和税打交道。英国人说，人生有两件事不可避免：死亡和纳税。韩国人开玩笑说是三件：死亡、纳税和三星。三星也有可能是暂时的，而税收一定是长久的。

税收，是必须交给政府的钱，是个人和企业的法定义务。税收有什么用？交的税都用来干什么了呢？在《道德化的批判和批判化的道德》中，马克思写道："官吏和僧侣、士兵和女舞蹈家、教师和警察、希腊式的博物馆和哥特式的尖塔、王室费用和官阶表，这一切童话般的存在物于胚胎时期，就已安睡在一个共同的种子——捐税之中了。"税收的基本作用就是提供公共物品，支持各种社会公共需要。比如国家机关、行政部门、公立学校、公立科研机构、各种事业单位等，主要是靠税收支持的。

第 21 讲 税收

说一下中国税收的大致情况。中国现有 18 种税：增值税、消费税、关税、企业所得税、个人所得税、房产税、车船税、船舶吨税、车辆购置税、印花税、契税、环境保护税、资源税、城镇土地使用税、耕地占用税、城市维护建设税、土地增值税、烟叶税。

这么多种税，大致分成两类：一类是间接税，对商品买卖金额课征，成为商品最终价格的一部分，如增值税、消费税、关税都是间接税；另一类是直接税，是对收入或者财产的价值课征的税，如个人所得税和企业所得税（有的国家，如美国叫公司税）。为什么对商品价格课的税称为间接税？因为能承担税收的只能是具体的人，商品是不会承担税收的。对商品课税不过是换一种方式，也就是以间接的方式对人课税而已。而所得税是直接由个人承担的，比如个人所得税，企业所得税则由股东个人承担，是直接对人的，所以称直接税。

其中，最值得了解也是最难懂的是增值税。弄懂了增值税，税收的大部分原理也就清楚了。目前，增值税是中国第一大税种，和每个人的日常生活相关。除了卖房子，出售其他所有商品，包括提供服务都必须交增值税。另一个和我们有紧密关系的是个人所得税，但原理相对简单，就是拿走我们一定比例的收入。

增值税的一大特征是征税的依据为不含该税的价格，其他税[①]都以含税价为依据，比如售价 100 元，税率 10%，税率就是税收

---

① 除了消费税。消费税的征税基础也不含增值税，但含消费税。

占应课税收入的比率，税就是 10 元，包含在 100 元的价格里。增值税不是这样，其征税价格里不含增值税，因此叫价外税。当然要拿走商品，除了按价格支付还要另付增值税才可以。

我们习惯的是含税价。按照习惯，征增值税的商品，其含税价也就是购买它需要支付的全部价格是：含税价 = 不含税价格 + 增值税，增值税 = 不含税价格 × 税率。所以，不含税价格 $= \dfrac{含税价格}{1+税率}$。对一般纳税人而言，增值税税率有 13%、9%、6% 三档。[①]

增值税最奇妙也最重要的一点是，除了产品的最终消费者，其他所有环节的人都不负担任何增值税，全部税负都是最终消费者承担的。举例说明，一件衬衣经过四个环节（买一次算一个环节）到最终消费者。

第一个环节：A 以 30 元卖给 B；

第二个环节：B 以 50 元卖给 C；

第三个环节：C 以 80 元卖给 D；

第四个环节：D 以 100 元卖给 E，E 是最终消费者，不再继续出售。

以上价格都是不含增值税的价格，按照增值税相关法律，名义上的纳税人是卖家。所谓名义上的纳税人，就是把税交给税务局的人，交易一次就要交一次。为什么说是名义上呢？因为他不

---

① 对小规模纳税人而言，增值税的缴纳比例不叫税率而叫征收率，是含税价格的 3% 或者 5%。

一定是税收的真正承担者。按13%的增值税税率计算，各环节纳税情况如下：

A向B收取30元（价格），以及3.9（30×13%）元的增值税，共33.9元，A名义上交增值税3.9元，但实际上3.9元全部是B承担的。

B向C收取50元（价格），以及6.5（50×13%）元的增值税，共56.5元，他应该交的税是（根据公式：应交增值税＝销项税－进项税）确定的。销项税是按照销售额应该交的，也就是销售额乘以税率，进项税是购进时已经交过的。B的销项税是6.5元，进项税是3.9元，应该交2.6（6.5–3.9）元。前文我说过要记住增加值这个概念，这一环节的增加值是20元，增值税就是对增加值课的税。20元增加值对应的增值税正好就是2.6（20×13%）元。A因为没有进项税，所以不采用这个公式。B一共向C收了6.5元的增值税，除了把上次替A承担的3.9元找补回来，还把这次自己名义上交的2.6元也拿到手了，实际上没承担任何增值税。

C和D也一样，他们分别交3.9［(80–50)×13%］元和2.6［(100–80)×13%］元的税。但这是名义上的，实际上他们任何增值税都不承担。

E不一样，他要支付113（100+100×13%）元才能得到这件衬衣。但他不再出售，无法把交的税像A、B、C、D那样找补回来，13元的税必须自己承担。而这正好就是A、B、C、D名义交税的和：3.9+2.6+3.9+2.6=13元。全部的增值税，都是最终消费者承担的。

超市或者线上平台京东、美团、淘宝都在卖东西，它们都是增值税的名义纳税人，但真正承担增值税的是我们消费者，我们支付货款时，就把所购商品此前各个环节的厂家和商家，包括超市和京东、美团、淘宝交的税都承担了。你没看错，超市和京东、美团、淘宝交的税就是增值税，不是营业税。虽然我们实际上承担了全部增值税，但并不是增值税（以及其他间接税）的纳税人，我们是"无名英雄"。

如此奇妙的增值税是法国人发明的，它征税于无形。法国有重税的传统，发明增值税在情理之中。17世纪，法国有一位卓越的政治家柯尔贝尔（1619—1683），他是国王路易十四的财政大臣，还是法兰西科学院前身的创办者。他说：征税是一门艺术，就像拔鹅毛，既要拔毛多多又不要让鹅痛得叫出声来。征收增值税的多是欧洲国家，美国、日本、澳大利亚不征该税。

间接税特别是增值税的普遍征收，可以解释一个有趣的现象：所有的苹果手机都是在中国大陆生产的，但我们购买的价格不比其他国家便宜，甚至更贵，比如比美国高。因为苹果公司在中国制造苹果手机属于委托加工，苹果手机不是中国公司的产品，仍然属于美国苹果公司，中国赚取的仅仅是加工费。我们买到的苹果手机是进口货物，也就是要先出口再进口，当然实际上只是走个流程，在海关仓库转一圈。

苹果手机的零售价包含几种间接税。首先是大约10%的进口环节关税，以及进口环节13%的增值税、附带的城市维护建设税和教育费附加。其次是销售环节，还要再交一次增值税以及城市维护建设税和教育费附加。再加上商家的营销、促销费用，高额的店面租金，苹果手机的价格就不得不高了。

其他间接税不像增值税那么彻底由最终消费者承担，厂家和商家也要承担一部分。

税收除了影响消费者和企业的决策和福利，比如提高个人所得税和企业所得税的税率，将降低消费者和企业的福利，也影响有效需求和均衡GDP，比如提高平均税率（全部税收占GDP的比例）会降低个人可支配收入进而降低有效需求。这就是所谓的财政政策。①

税收还关乎社会治理和国家整体实力。著名的"摊丁入亩"就起到了巨大的历史性作用，中国自秦汉之始，一直征收人丁税或者人头税，同时人丁还要服徭役，也就是无偿劳动，比如修长城。人丁就是成年男子。人头税是有效率的，因为是人丁就得交税，不能逃税，但却极不公平，没有考虑每个人财富或者纳税能力的差别。它产生的一大严重问题是，抑制人口增长。而人口对古代国家强盛的作用自不待言，比今日之作用更甚。明朝万历前期首辅张居正（1525—1582）首先意识到这个问题，他提出"一条鞭法"，取消了对人丁的徭役，但也在部分地区实行了摊丁入亩。

---

① 财政政策包括税收和政府支出政策两部分。政府支出包括购买支出（也就是政府花钱购买产品和服务），以及转移支出［也就是政府作为中间人把资金从一个地区转移到另一个地区（如中国财政支出中的支援不发达地区支出）或从一部分人转移给另外一部分人（如中国财政支出中的救济类支出），此时政府花钱后并没有获得相应的产品和服务］。财政政策会影响均衡GDP。

而后者彻底实行则是清朝雍正皇帝（1678—1735）完成的。其实康熙（1654—1722）皇帝已经下诏，从康熙五十一年（1712）开始"滋生人丁，永不加赋"，也就是新增加的人丁不再有丁税。但正式取消人丁税，是雍正时期完成的，即把康熙末年既有的人丁税全部分摊到田赋里，田赋也就是大家熟悉的农业税，是对农业收成征的税。这样，没有土地的人将不再纳税。这极大地刺激了人口的增加，清朝人口此后先后达到2亿、3亿、4亿！

减税常常作为应对经济衰退的手段，因为可以增加个人可支配收入和企业利润，增加有效需求，但不能太过。英国前首相伊丽莎白·特拉斯（Elizabeth Truss，1975—，英国第56任首相）上台45天就辞职了，任期从2022年9月6日到10月25日，因为她提出了过于激进的减税政策，导致政局动荡。减税的时候讨喜，国民高兴，但政府必要支出如何保证？以后少不了还得增税，就很被动。而增税，往往是很难的。

我们都是纳税人，税是我们的必修课，不可不察。

第22讲 货币(一):从贝壳到电子货币

贝壳
铸币
纸币
电子货币
文学家的偏颇

微观经济学的价格也用货币数量表示，但货币不重要，因为价格的本质是相对价格，不用货币，用商品数量的比率一样可以表示相对价格。但在宏观经济学中，货币的数量却是十分重要的，货币政策的目标就是让货币数量合适。

造化弄人，每个人能力不同。远古时代，有人善于狩猎但不善于捕鱼；有人却相反，善于捕鱼而不善于狩猎。假如必须吃鱼和肉才能过活，那么每个人都必须既捕鱼又狩猎，才能勉强养活自己。后来人们慢慢体会到，同时做两件事浪费时间，分工能让生活变得更好。分工就是干自己拿手的，放弃自己不拿手的。善于捕鱼的只捕鱼，善于狩猎的只狩猎。如此一来，人们会立即发现鱼和鹿（古时最常见的猎物）的总量都增加了。从新石器时代，也就是距今差不多1万年前，人类就开始分工了，以后不断细化。

直到今天，每个行当里的每个微小的领域，都是一个深邃的世界。

分工可以让人们集中精力、积累经验，终使技艺日进，成为行家。行家就是不断分工的结果，出了自己的领域都是普通人。这是亚当·斯密在《国富论》开篇就论述过的。

最根本的是，分工可以节约时间。在机场，可以看到明星出行前呼后拥的，有人负责接电话，有人拿衣服，有人化妆，这是为了节约明星的时间，让他们专司表演，以进一步提高演技和名气。

分工就必然产生交换，不可能生产什么就只吃什么，分工的初衷就是什么都多吃一点。开始的交换是物物交换，比如鱼换鹿，但能交换成功纯属偶然，更多的是换不成。比如有鹿的人今天不要鱼而要盐，就得找有盐又需要鱼的，先用鱼换盐，然后再把盐换成鹿；如果有盐的不要鱼而要兔子，就得再找有兔子的，有兔子的需要鱼，鱼和兔子换，兔子和盐换，盐再和鹿换。这些都是碰巧，交换经常是困难的。不过见识过分工的好处，就不可能再退回没有分工的时代，得想办法解决交换难题，而不是再回到从前。

终于想出了办法：每个人都必须接受盐，不能拒绝，盐一定大量涌现，因为有盐就有一切。这样一来，交换就非常容易，把鱼换成盐再拿盐换鹿。虽然交换由一次变成两次，但交换过程没变难反而更简单。盐就扮演了货币角色。这是货币产生的简单模型，其中被普遍接受的交换物不一定就是盐，盐只是举例。

货币的定义是：普遍接受的交换媒介或者支付工具。

货币作为交换媒介，就是两物交换，货币居间，也就是用货币买东西。流行的看法是，中国历史上最早的交换媒介是贝壳，可能是因为贝壳好看，符合当时的审美趣味，大体也标准，样子差不多，易于辨别，缺点是易碎不便保存。后来考证说，先民们还试过用牲畜、毛皮做交换媒介，问题也很多。有了冶炼技术后，人们就开始用金属做交换媒介。

以货币作为媒介的交换，比物物交换简单多了。如果物物交换涉及 3 种商品，每种商品都要标上和其他两种商品交换的价格，就得标 6 个相对价格；如果是 10 种商品就需要标 45 个相对价格；[1]1000 种商品则需要标 499500 个相对价格！[2]有了货币，以上数量的商品分别只需要 3 个、10 个和 1000 个标价，一目了然，自然能增加交换密度、促进分工。再强调一下，微观经济学的价格本质上是相对价格，不需要货币，用货币是便于说清问题。

马克思说：金银天然不是货币，但货币天然是金银。说到货币，就绕不开金银，但真实演化历史要复杂得多。可能在世界其他地方，金确实充当过货币，但中国历史上，金只是偶尔作为名义上的货币，比如秦朝（前 221—前 207）规定金是上币。实际上，中国历史上金币并没怎么流通。银币是有的，"袁大头"[3]就是银币（含铜），民间也常用散碎银子，大额支付偶尔用银锭。戏曲和古装影视剧中，秀才们袖子里装着大把银子，就太不真实了。中国

---

[1] 用数学中的排列组合表示就是：$C_{10}^2=45$。
[2] 用数学中的排列组合表示就是：$C_{1000}^2=499500$。
[3] 因为正面印有袁世凯头像。1914—1949 年间铸造流通，存世较多。

的货币从秦开始更多的是铜钱,所谓"铜臭气"就是这么来的。

金属币也不是只由一种金属铸造,而是包含多种金属的合金铸币。以清朝为例,铸币中含有铜(50%~60%)、锌(30%)以及铅和锡,既没有金也没有银。

铸币分良币和劣币,良币的贵金属含量高,劣币的贵金属含量低,但二者铭文标记的贵金属含量是一样的。比如良币每枚含足额的1两银,而劣币每枚实际只含半两银,但二者的铭文都标记1两银,流通中能买到等值商品。内行的人就会把良币融化,铸成两枚劣币。这就叫劣币驱逐良币,又叫格雷欣(托马斯·格雷欣,1518—1579)法则。

至于支付手段中的"支付",与买卖不同:买卖是双向的,一手交钱一手交货;支付是单向的,是货币的单方面转移,即使暂时没有换回商品,如借钱和还钱,也属于支付。货币出现之前,借贷活动是借出和借入实物,不方便且没有标准化,不免经常引起很大麻烦。好比借给别人一头牛,但牛的体量、健康情况都不同,什么样的牛算是一头"标准"的牛?况且牛还得吃草料,生病了还得有人负责看病等等。有了货币,借贷就简单、纯粹多了,再也不用操心牛生病这类麻烦事了。

劣币和良币是相对的,是名实不符造成的,只要说清楚贵金属含量,就没有劣币和良币的分别了。理论上,贵金属的量可以任意减少,甚至可以是0。同时,其他所有金属的含量也可以任意减少,只要金属含量不是0,就还是货币(铸币)。既然贱金属也是有价值的,那思维能不能飞跃一下,直接让所有金属含量变成0,

而用最便宜的几乎一文不值的币材取而代之呢？这个想法太大胆，这就不是良币和劣币之分，而是币和非币之分了。

这就是纸币思维。公认的看法是，宋朝的时候，川蜀之地的商人就用过纸币。也有外国学者认为，最早的纸币想法来自唐僖宗李儇，他是唐朝第 19 位皇帝，非常聪明。他就提出，纸就可以当钱用。纸币是天才的想法，当时肯定不被接受，就是宋元时期，纸币也不过昙花一现，但最终纸币一统江湖。

为什么纸也能做货币？当然制造纸币的不是普通的纸张。这就涉及货币的本质。货币的本质不是别的，就是信任。即使是黄金，如果大家不信任，再坚硬、再稀缺也成不了货币。反过来，即便是一张纸，只要能取得普遍信任，也能成为货币。纸币的信誉就来自其发行者，特别是其背后的政府信誉。

纸币就是钞票，上海人今天还喜欢这么称呼。钞票有两种：一种是银行发行的银行券，比如香港汇丰银行和中国银行发行的港币；另外一种是各国政府发行的，如人民币、美元、英镑、日元、瑞士法郎。欧元也是得到欧元区国家认可发行的。人民币印有"中国人民银行"的字样，美元印有"FEDERRAL RESERVE NOTE."（美国联邦储备票据）字样，中国人民银行和美联储分别是人民币钞票和美元钞票的具体发行机构。

30 多年前我读硕士研究生的时候，金融学老师讲课时还说，纸币是有含金量的。这当然是错误的说法，所有纸币的含金量都是 0，当然其他贵金属含量也是 0。纸币能获得公众信任，靠的不是含金量，而是法律的强制力或者政府的信誉。这样的纸币就是

第 22 讲 货币（一）：从贝壳到电子货币

信用货币，纸本身没有价值。

纸币时代，就不是劣币驱逐良币，而是良币驱逐劣币了。哪种货币的信誉更好，就能获得更多人的信任，成为更多人愿意持有的货币。目前，美元是世界上使用最广的货币，人民币的国际化也已经起步。

而现金就是纸币加硬币，硬币都是不足值的，熔化了去卖，都不够本钱。在这个意义上，硬币都是劣币，但无所谓，大家心知肚明，不妨碍使用。

计算机时代，还出现了电子货币，比如银行卡和手机支付。这种电子货币连形式上的纸都不需要，就是存储在计算机磁介质中的一串数字。为什么电子货币也是货币？因为符合货币的定义：可以充当交换媒介，用来买东西；可以充当支付手段，用来转账。

同样是电子手段，信用卡是不是货币，是有不同看法的。多数经济学家认为，信用卡只是一个保证书，承诺按时还钱，本身并不是支付手段。银行存款当然是货币，我们刷微信、支付宝买东西，用的就是存款。同样，用微信和支付宝给他人转账，包括信用卡背后真正的支付手段或者货币也是存款。存款在货币总量中占比很大，我们在有关中央银行的部分会详细说明。

人们对钱的态度是复杂的。我特别喜欢《增广贤文》，里面大实话很多，当然谬误也不少，需要甄别，其中就有"钱财如粪土，仁义值千金"。这话恐怕已经流传了千百年，很少有人觉得不妥。我以为这主要是逻辑学不普及的缘故。据说著名哲学家和逻辑学家金岳霖（1895—1984）15岁的时候，就指出了其中的矛盾之处。

他读到的版本是"金钱如粪土，朋友值千金"，但两句话的意思是一样的。他说：如果朋友值千金，千金就是金钱，但金钱如粪土，那不是相当于说朋友就是粪土了吗？这句话的问题还不只是逻辑上的矛盾，前提就错了。知道了货币的起源，就会明白金钱是人类聪明智慧的伟大成果，没有金钱，人类的文明会大大退后。因为没有货币，就没有细致的分工和专业化，人类恐怕还停留在蒙昧状态。明白了货币的起源和作用，断不会说出金钱如粪土的话。

古往今来的好多文学家，包括莎士比亚、莫泊桑，都很愤世嫉俗，他们蔑视金钱，认为这是高尚的表现。钱会引发人间悲剧，诱导出丑恶，但说到底悲剧和丑恶与金钱无关，都是人之恶。就算没有金钱，恶人还是会以别的因由干坏事。就好比美色让人沉沦甚至犯罪，但美色本身并不是问题。"红颜祸水"的说法，是一竿子打翻一船人，西周亡于褒姒、吴国亡于西施、汉衰于赵飞燕、杨玉环导致安史之乱，都是子虚乌有或严重夸大其词。世上如果没有了美色，恐怕才是真的悲剧呢！

但也不能从一个极端走到另一个极端，以为钱就是一切。《论语》里子夏云：死生有命，富贵在天。这句话说的是运气和出生的重要，当然不全对。但西晋的鲁褒作《钱神论》，反驳说"死生无命，富贵在钱"也太夸张了，还不如民间俗语"穷生奸计、富长良心"更有道理。

金钱和财富永远只是人生的一部分而非全部。固然，现代社会没有钱万万不能，但钱绝不能成为万能。

第22讲　货币（一）：从贝壳到电子货币

第23讲 货币（二）：比特币[①]

---
① 本部分内容仅在说明比特币和区块链的技术原理，不是投资建议。

中本聪
一种点对点的电子现金系统
哈希函数
私钥和公钥
挖矿

2008年10月31日下午2点10分（UTC时间[①]），在一个密码学邮件组中，化名为中本聪（Satoshi Nakamoto）的用户，请大家去看其写的白皮书《比特币：一种点对点的电子现金系统》(Bitcoin: A Peer-to-Peer Electronic Cash System)。2009年1月3日，中本聪在位于芬兰首都赫尔辛基的服务器上，挖出了比特币的第一个区块"创世区块"，并获得了50枚比特币的出块奖励，这标志着比特币系统的诞生。中本聪自称是生于1975年4月5日的日本男性，2010年12月13日之后就在网络上消失了，中本聪是何许人有多种说法，但均无法证实。

比特币既是第一代区块链（blockchain）系统，也是第一个真

---

① Universal Time Coordinated，世界协调时，北京时间比UTC快8小时。

正意义上的加密货币（cryptocurrency）。区块链简单说就是一个按照时间顺序生成的账本，账本的每一页就是一个区块，区块里记载的是交易信息。系统中的每个节点都保存着一模一样的账本，任何节点无法篡改交易信息。比特币则是区块链上按程序自动生成的一串数字，没有发行机构，这被称为"去中心化"，和已知的一般由权威中央银行发行的货币完全不同。

从本质上来说，比特币是一种点对点的电子现金系统。我们说过，现金是纸币和硬币，是实物形式，没有电子形式，因为现金不可能有网络通道。现金有非常大的优点，可不依靠任何中介，个人（企业）之间可以进行支付，而且可以实现不可逆交易。现代贸易虽已可进行网络支付，但必须经由复杂的金融机构作中介，而且无法使用现金，效率不高，更无法实现不可逆的交易。中本聪认为不可逆交易才是好的交易，否则就算重大缺陷。比特币就是为解决此缺陷而在网络上构造出来的支付系统，运行在网络上但又有现金的优点，可以实现点对点（即节点到节点，节点背后当然是人）的支付，不需要任何中介（如金融机构）参与，而且都是不可逆的交易。同时，交易双方也不需要知道对方的任何身份信息，不需要彼此信任，这被称为"去信任化"。

货币的本质是信任，没有权威机构背书的比特币，如何让大家信任，从而成为货币呢？靠技术。人无完人，是人就不会100%可靠，所以社会才需要法律。而在比特币的世界里，法律就是计算机代码，如此，比特币就依靠技术而不是权威机构来赢得使用者的信任。

比特币最广泛使用的技术是哈希函数。哈希函数是一种具有强大计算功能的函数，实际也是一种算法，符号为 H(·)。比特币内置的哈希函数，是安全哈希算法 256，即 SHA-256。函数是一种输入、输出关系，哈希函数的输入可以是任意形式的信息，但输入长度一律为固定的 256 位[1]二进制数。哈希函数的特征有三个：单向性、免碰撞、谜题友好。单向性就是可以根据输入值算出输出值，但不能从输出值反推出输入值。免碰撞的意思是，两个不同的输入不会对应同一个输出值。谜题友好是说对于某个给定输出值，除了一个一个地代进去试，没有更好的办法找出对应输入值。

在哈希函数基础上，比特币又采用分布式网络保障系统安全。比特币存在于网络中，比特币的网络不是谷歌或者百度那样的中心化网络，后者是有权威机构的，它们的管理层就是权威，用户必须服从管理，节点之间的互动则通过中心化网络的服务器中转。一旦服务器遭到攻击或损坏，系统就瘫痪。比特币是分布式网络，由下载了比特币程序的一个个节点组成，节点之间是完全平等的，没有权威，节点之间不再通过服务器而是通过网络协议互动自愿合作。节点可以随时进入或者退出网络，而不会影响整个网络的运行，一些节点出现故障也不影响网络功能的实现，网络是高度安全的。

加入比特币网络很简单，下载比特币客户端，如 https://

---

[1] 在计算机中，一位即 1bit，简写为 t，代表二进制的 0 或 1，是数据传输的最小单位。

bitcoin.org/[1] 上的 Bitcoin Core（即比特币核心），然后点击"选择你的钱包"（choose your wallet），在本地[2]生成一对公钥和私钥，就算注册开户，注册不用提供任何个人身份信息。

私钥是一个 256 位[3]的随机数，以二进制表示，就是下面的样子：

0111010100110011100101010100001110110010100101010101010101010101010101000100111010001001111100000010010001010101000101101010101010101010101010001010111010010010011001010101010100010101010100101010100101010101011001001001010101011000010010100011100010001010101010

256 位的二进制数共 2^{256} 个，用十进制表示大约是 10^{77}，据说这个数字比人类已知的宇宙原子数还多，绝不会出现两个人用同一私钥的情况，私钥是极安全的。私钥是动用区块链上比特币的唯一凭证，这样比特币也就安全了。

---

[1] 注意，虽然名字中有 org，但这不是比特币的官方地址，比特币没有官方机构，也没有所谓的官方网站。
[2] 本地指的是用户直接控制的计算机或其他设备。
[3] 一般通过随机数生成器产生，一些比特币信息服务提供商，如 Blockchain.com，提供制作比特币钱包的服务，可以同时生成公钥和私钥。

私钥也可以用 16 进制[1]表示，共 64 字节[2]，样子如下：

0x7fe4d6a24d0ef082acfce8a6cd0402d1295fcd4ad687239f1c150dc626f245f0

现实里，最常见的私钥是所谓"助记词"，是通过算法把私钥转换成 10~24 个常见英文单词。

未压缩的公钥是 512 位，64 字节，以 16 进制表示，以 0x04 开头，样子如下：

0x041e7bcc70c72770dbb72fea022e8a6d07f814d2ebe4de9ae3f7af75bf706902a7b73ff919898c836396a6b0c96812c3213b99372050853bd1678da0ead14487d7

公钥可以公开，因为公钥-私钥生成采用的算法是哈希函数，具有单向性，从私钥可以推导出公钥，但无法通过公钥倒推出私钥，即使别人知道了公钥，没有私钥还是无法动用你的比特币。

比特币转账时必须使用公钥-私钥对这一密码学工具，以保

---

① 简称 Hex，逢 16 进 1 的进位制，用数字 0 到 9 以及字母 A 到 F（或 a 到 f）表示，A 到 F 表示的是 10~15。最常见的表示十六进制的方式是把 0x 放在最前面，0 是数字不是小写字母 o，X 可大写也可小写。
② 即 byte，简写为 B，1B=8 位，一个英文字母（不论大小写）占 1 个字节的空间，一个汉字占 2 个字节的空间。

证支付的安全。Alice 要转给 Bob[①] 比特币，首先 Bob 要告诉 Alice 自己的公钥，然后 Alice 用 Bob 的公钥对转账交易进行加密发给 Bob；Bob 收到后用自己的私钥解密。而只有用 Bob 的私钥才能解开用 Bob 公钥加密的信息从而收到比特币。这就保证了是 Bob 而不是其他人收到币，因为其他人没有 Bob 的私钥，打不开交易信息。这里加密和解密用的都是 Bob 的密钥。同时，Alice 要把转账消息用自己的私钥进行数字签名[②]，然后连同自己的公钥一并发给 Bob；Bob 收到消息后，用 Alice 的公钥进行验证，如果验证通过，则表示比特币确实是 Alice 发出的，属于 Alice 所有。因为别人不知道 Alice 的私钥，无法为交易进行数字签名。这里签名和验证用的都是 Alice 的密钥。

也因此，中本聪给出的比特币的严格定义是：存在于区块链上，由密码学而非可靠的第三方机构保证安全，按照计算机程序产生和释放的一串数字签名链。可能有人会认为比特币太虚拟了，因此不可靠，这是误解。微积分、量子力学、化学方程式、NDA 都是虚拟的，根本看不见，难道就不可靠吗？似乎比看得见、摸得着的东西更可靠吧！

在一个分布式的网络里，节点地位平等，那么由谁来把包含交易信息的区块"写入"区块链呢？这个工作很重要，没有这一步，比特币区块链就不存在。中本聪巧妙地解决了这个问题，这就是工作量证明（proof of work）机制。"工作量"的字面意思是，

---

① Alice 和 Bob 是计算机语言中常用的一对组合。
② 数字签名，就是用哈希函数对交易信息进行加密处理，操作十分简单。

要做功（功是物理学概念①），而不仅仅是口头说说。只有那些做了功、付出了代价的节点，才有资格把区块写进区块链。这个过程被形象地称为"挖矿"，"挖矿"是比喻，不是真挖，而是用哈希函数做运算，寻找一个随机数。随机数是一个32位的二进制数，取值范围是0到2^{32}，以十进制计共有4、294、967、296个，挖矿就是从0开始每次加1，依次代入哈希函数求值。当哈希函数的输出值小于系统自动设定的目标值②时，就表示找到了符合要求的随

---

① 功，英语为work，符号为W，从一种物理系统到另一种物理系统的能量转换，单位是焦耳（J）。

② 目标值（target）= $\dfrac{\text{最大目标值}}{\text{难度值}}$，最大目标值是恒定的，以16进制数表示是：0x00000000FFFFFFFFFFFFFFFFFFFFFFFFFFFFFFFFFFFFFFFFFFFFFFFFFFFF。前边有8个0，理论上进行哈希运算找到这个数的概率是$\dfrac{1}{16^8}$，也就是$\dfrac{1}{2^{32}}$，或者说找到符合要求的随机数期望（可以简单理解为平均）的计算次数是2^{32}，这正是中本聪找到创世区块所需要的计算量。因为目标值越小，找到对应随机数的难度才越大。好比从1~100之间的整数中，找小于目标值的数：如果目标值是100，一次就可以找到；如果目标值是50，预期（平均）需要找两次；如果目标值是2，则预期需要找100次。因为中本聪挖矿的目标值最大，所以其难度是最低的，也就是1。由于全网算力不断变化，难度值大约每14天就调整一次，以保证系统大约10分钟产生1个区块。具体是以2016个区块为单位，如果上2016个区块产生的时间大于14天，就要降低难度，以缩短产生下2016个区块的时间；如果上2016个区块产生的时间小于14天，则提高难度值，以延长产生下2016个区块的时间。

第23讲 货币（二）：比特币

机数，挖矿就成功了[①]。

挖矿并不是比谁更聪明，它所需要的哈希运算是比特币程序自动进行的，挖矿比的是谁的计算能力，也就是每秒可以做的哈希运算次数更大。计算能力简称算力，最终是由挖矿硬件决定的，目前挖矿用的硬件都是 ASIC 芯片矿机。挖矿的成本除了矿机支出，主要是电费。挖矿的耗电量是惊人的。只有第一个找到随机数的节点可以获得比特币奖励，而所有的原始比特币都是挖矿获得的。所以，工作量证明机制通过激励节点积极维护比特币网络安全。另外，挖矿的难度是自动调整的，以保证系统 10 分钟左右生成一个区块。

比特币系统设定的比特币总量是固定的 2100 万枚，到 2141 年全部挖出，不再增加。那么作为货币，比特币不会通货膨胀，只会通货紧缩。好在它的最小单位很小，目前是 10^{-8} 枚，而且可以任意缩小，不会不够用，这种通缩没有危害。

一些国家正在试验中的法定数字货币和比特币完全不同，最多算是借鉴了一点区块链技术，它们都是中央银行发行的，是中

[①] 具体说，挖矿是把五项区块头信息，包括 version（即系统版本号）、prev_hash（即区块哈希值，也是区块的唯一代表）、merkle root hash（即区块的默克尔根哈希值）、timestamp（即时间戳，记载的是区块出块的具体时间）、Difficulty（即当前的难度值），再加上 nonce（即随机数），一共 6 项，一并作为输入，并不断变换（遍历）随机数，持续进行哈希运算，当运算的输出值小于目标值，H（nonce / version / prev_hash / merkle root hash / time / difficulty）<target，挖矿就成功了。那怎么知道其是否小于目标值呢？简单说就是数一数输出值前边有多少个 0，0 越多数就越小，就可以比较了。

心化的货币，一般也不采用非对称加密技术，而是采用传统的对称密码，而且不采用分布式网络，依然靠中心化网络服务器，更没有挖矿机制，依然需要提交真实身份信息，数量也不是固定的。说到底，法定数字货币仅仅是把现行货币的一部分数字化，增加一个支付网络通路，比如中国正在试验中的数字货币就是准备替代部分 M0。

比特币能不能成为货币，也就是普遍接受的交易媒介或者支付工具，让我们拭目以待吧！

第 24 讲 利率

利率
复利的神话和现实
高利贷
威尼斯商人

货币本身没有价格，但有其利率和汇率。其中，利率是借入、借出资金时，利息与本金的比率。汉语的"借"和"贷"很容易把人搞晕，借贷的方向本来是相反的，但"我把钱借给你"和"我把钱贷给你"却是一个意思。借、贷是外来语，来自日语。英语中的借、贷就容易区别，把钱给别人是 lend（贷），别人给自己是 borrow（借）。

利率有年利率、月利率和日利率之分，它们之间的关系是：年利率＝月利率 ×12＝日利率 ×360。中国民间借贷的利率形式一般是以"分"来表示，分就是月利率的单位，3 分就是月利率 3%，那年利率就是 36%。

利率还有单利和复利之分，单利是只计本金产生的利息，利息本身不再生息。复利除了本金产生的利息，还计算利息的生息，民间叫利滚利、驴打滚。

单利的公式是：S=P+I=P+i×P×n=P（1+i×n）。S是本金和全部利息之和，I是全部利息，P是本金，i是利率，n是借款期限（比如月数）。复利的公式是：S=[（1+i）^{n}–1]×P +P =P×（1+i）^{n}，各字母含义与单利计算公式中的相同。

1626年，荷兰西印度公司用价值60荷兰盾的货物从印第安原住民手中买下了曼哈顿岛。假如每年的利息以复利形式计算，年利率是6.5%，原住民把60荷兰盾放进银行，则到2005年，根据复利公式，存款金额将变为：60×（1+6.5%）^{379}=1392042827693.005荷兰盾。1999年荷兰盾退出流通，荷兰改用欧元，1欧元当时大约可兑换2.2荷兰盾。1392042827693.005荷兰盾相当于6327亿欧元，超过当年纽约五大街的房产总市值。也就是说，如果原住民每年都把看似不起眼的利息再存入银行生息，他们的后代什么也不干就富可敌国了。但如果是单利则只有：60×（1+379×6.5%）=1538.1（荷兰盾），大约合699欧元。单利和复利的结果简直是天壤之别。换个说法，考虑复利因素，2005年的6327亿欧元仅相当于1626年的60荷兰盾。

每年增加一点收益，然后将其作为本金再投入，经年日久，就形成一笔令人瞠目的财富。这是一种投资理财的思路，即不要瞧不起几个百分点的收益。但是金融投资必然有盈有亏，不能保证年年盈，一旦亏损造成总收益的减少也是复利式的，可能完全抵消此前因复利带来的收益。而且长期看通货膨胀必然发生，总收益的相当大的部分将被吞噬。更重要的也许是，人不可能活那么久，不可能考虑太过长远的未来。对印第安原住民和他们的后代来说，也不可能一直存款而不花钱，花钱就会复利式地减少总收益，而且银行也可能倒闭。所以，能做到几百年年均 6.5% 复利的投资就是个传说，不可能真的发生。

我们在个人收入分配部分曾提到，利息的本质是高估现在、低估未来，是对不确定性的补偿。经济中存在多种多样的利率，存款利率、贷款利率、债券利率等等。利率既是对不确定性的补偿，又是对风险的度量。不管利率如何多样，总有一个基准利率，也就是与 0 风险对应的利率，它是所有其他利率的基础。

风险是 0 的资产的利率是不是也应该是 0，非也。虽然风险是 0，但还是有不确定性。因为风险是事先预期到的不利事件的概率，但黑天鹅事件不能完全避免。即使风险是 0，也还是存在高估现在、低估未来的问题，需要对不确定性进行补偿，这时的利率水平就是基准利率。一般来说，国债的风险是 0，因为除非发生极端情况，政府不会不还债，但还是会有发生战争和极端自然灾害的可能性，同时资金有机会成本，所以国债的利率不是 0。而且，长期国债的利率更高，因时间越久，不确定因素越多。这也是为什么年纪大的人喜欢买国债，因为他们承担风险的能力很低，一旦投资失误，就没机会挽回了。

有了基准利率，其他有风险资产的利率就好确定了。比如银行贷款的利率就高于国债，因为企业和个人赖账的概率不是 0，即便经过了考察，也有抵押，银行仍然可能遭受损失。另外，银行自己还要赚钱，利率就更要高于国债利率。对于存款来说，定期存款的利率高于活期存款，大额存款的利率高于短期存款，这都是因为风险高低有别的缘故。

与利率有关又特别有意思的现象是高利贷。高利贷经常被公众诟病，名声不算好，但从事高利贷，也就是所谓民间借贷的人却不少。传统上，亲戚朋友间借钱不收利息，也不要抵押，连字据、凭证都不常见，完全是基于亲情和友情之上的信任，甚至很多都是糊涂账，并经常以赔了夫人又折兵结束，钱收不回来，亲戚也得罪光了。而民间借贷是有利息、有协议的，协议也是双方自愿签署的，只是利率水平明显超过正常银行贷款利率。但高低是相对的，银行利率未必就是公允的市场利率。

什么人借高利贷？一定是那些求助正规金融部门不能获得帮助而且面临的事情紧迫，急需资金救济的人。他们多无抵押和担保，对放贷的人来说，把钱借给这些人风险特别大，这些人不还的可能性很大。一旦有人不愿意还债，放贷人很难获得法律支持，所以放贷者必须用高利率来出清风险。而客观上，虽然放贷者帮很多企业和家庭渡过了难关，但如果借款人违反协议赖账不还，放贷人不但得不到公众同情，反而还会面临社会舆论的指责。

莎士比亚的戏剧《威尼斯商人》中，安东尼奥为了帮助好朋友巴萨尼奥，向威尼斯商人夏洛克借了三千金币，协议规定，如逾期不还，夏洛克有权割下他的一磅肉。安东尼奥最后真的无力偿还，夏洛克诉至法院，但夏洛克败诉了。作品凸显了契约精神和公序良俗、财产权和人格健康权的冲突。显然，莎士比亚是憎恶夏洛克的，但夏洛克是不是真的就完全活该呢？

高利贷是金融发展早期的普遍现象，因为放贷的人太少，利率不可能低。后来银行普及，贷款变得容易，普惠金融成为常态，利率自然就回落到公众可接受的水平，高利贷随之消失。解决民间借贷和高利贷问题，需要大力发展民间金融，进行利率市场化改革，让普通民众也能享受普惠金融服务。一味打击高利贷，不是治本之策。

利率是观察宏观经济学的最重要指标之一，以后请多多关注利率的变动。

第 25 讲 商业银行

钱庄和票号
商业银行
银行的秘密武器

"金融"的字面意思是资金的融通，也就是资金的流动。自从货币出现就有了金融活动，以后又产生了传统意义上的银行，但现代意义上的银行也就是商业银行的诞生，却经历了艰难的过程。

最早出现的扮演金融中介的角色的机构是金匠铺，它们替人鉴别铸币的成色，称重、分割和保管铸币。钱庄和票号是从金匠铺发展来的。在中国，明朝中期就出现了钱庄。钱庄前期的主要业务是钱币的兑换和保管，不但不支付利息，还要向客户收取保管费和服务费；到了后期则是以存款和放贷为主，汇兑为辅。慢慢地，聪明的钱庄老板发现，虽然钱有进有出，但始终有大致定量的钱沉淀下来，躺在金库里睡大觉，何不放出去生息？当很多老板都这么干时，就产生了老板之间的竞争，客户不但不再需要支付保管费和服务费，还可以获得利息。

票号出现则是很晚的事，在清朝末期道光年间（1821—1850）。第一家票号是山西平遥县的"日升昌"，起先的业务是取代镖局做押运业务，后来则以汇兑为主。电视剧《胡雪岩》和《乔家大院》里边都有不少钱庄和票号的戏份，后一部讲的是山西祁县商人乔致庸（1818—1907）的故事。现实中，胡雪岩（1823—1885）创建了阜康钱庄，乔致庸开了两家票号——大德通和大德恒，两个人都是当时的巨富。

钱庄和票号都是放高利贷的，因为业务量少、风险又高，所以高利贷有其必然性。钱庄和票号都不是商业金融机构，因为商业的本意是适中，一般人能接受。

在欧洲，银行在16世纪就大量出现，最早是在意大利，但它们也不是真正意义上的商业银行，也是以放高利贷为主。世界上第一家不放高利贷的商业银行是1694年成立的英格兰银行。因为英格兰银行的贷款利率一般商户能接受，所以支付贷款利息后，商户还能有盈余。当然，大家更喜欢商业银行。

商业银行的业务模式很简单，就是吸收存款、发放贷款，赚取存贷的利率差。有个二手车广告说"不让中间商赚差价"，而这个广告就是中间商做的。不让中间商赚差价，是认为没必要花冤枉钱，自己交易也可以。这是对中间商的误解，也是对商业的误解。中间商没有权力阻止别人直接交易，中间商的存在是客户自愿选择的结果。如果没有中间商，客户会付出比差价更大的代价。可以肯定的是，中间商提供的服务的价值远远超过了差价，否则中间商便不会存在。

商业银行的情况也是这样。商业银行作为中间商，一头连着有闲钱又想安全生息的人，一头连着需要钱但又不想付过高利息的人。假如他们决定不找商业银行而直接交易，情况会怎么样？

先看有闲钱的人。不通过银行，这些人就得亲自寻找需要钱的人。寻找不是免费的，需要金钱、时间和精力，弄不好还要登广告。一般人的闲钱本来就不多，寻找的花费可能超过今后的获利。退一步讲，假设他们没费力就找到了需要钱的人，接下来就是谈判贷款条件。这需要了解对方的经营情况、实力和信誉，同样需要花费金钱和精力，而且还不一定能获得真实信息，因为毕竟不是专业人员，隔行如隔山，于是无法准确评估风险和赢利的前景。最后就是要么放弃，要么收取非常高的利率，而高利率会把对方吓跑，交易告吹。

再看需要钱的人。不通过商业银行，他们也得自己寻找有闲钱的人，而且需要找多个，因为每个有闲钱的人资金一般都不多。这需要不小的花费，而他们是因为没钱才需要找钱的一方，无法承受这些花费。我们也退一步讲，假定他们很快就找到了足够多的人，接下来就是一一谈判。每个人提出的利率和其他放款条件都不一样，但几乎每一位要求的利率都超过预期的盈利水平，接受的话就是赔本赚吆喝，交易也告吹。

如果通过银行，情况会发生什么变化呢？有闲钱的人不需要自己花钱耗费精力寻找需要资金的人，那些人的信息都在银行；也不用亲自去了解他们的信息，银行可以代为调查，而且银行是专业机构，能准确评估收益和风险。有闲钱的人只要把钱存进银行，等着收利息就好。需要钱的人呢？也不用一一寻找有闲置资金的人，只要去银行就行，钱都在银行里；也不必一一谈判，和银行谈一次就能获得足够的资金，贷款的利率和其他条件都是规定好的。银行之间是竞争的，存款利率不会太低，几乎肯定高于有闲钱的人自己谈判时候的净收益率，而贷款利率肯定更低于需要钱的人自己去谈判时的水平。

作为专门赚差价的中间商，商业银行已经存在几百年了，历经风风雨雨、时代变迁，总体上一直壮大，社会越来越离不开银行。银行有什么了不得的本事，让我们离不开呢？

银行的最大秘诀是，极大地降低了资金使用的风险。银行把每一笔钱，哪怕再少，都投到多个项目中去了，而且项目之间没有关联。一个项目亏了，不影响其他项目，而对于每个项目，银行都做过专业风险评估，亏损的可能性本来就低。除非每个项目都亏损，否则一笔钱不会完全收不回来，但每个项目都亏损的可能性太低了，这就保证了资金的安全。而在没有银行的情况下，是把一笔资金（无论多少）只投给一个人，几乎也是一个项目，而且没有经过专业风险评估，一旦亏损，资金尽数全没。

放贷如同做游戏，假设拿 1000 元，玩掷硬币游戏。如果只玩一次，正面朝上赢 2000 元，反面朝上赔 1000 元。从概率上说，正、反面朝上的概率都是 50%。玩游戏的期望收益是 500 元 [2000×50%+（-1000）×50%]。只玩一次的风险很大，输光的概率是 50%，而厌恶风险的人居多，游戏可能不会有人参与。但如果不是玩一次，而是玩 1000 次，每次正面朝上赢 2000 元，反面朝上赔 1000 元，总的期望收益还是 500 元。在这种情况下，只有每次都出现反面朝上，没一次正面朝上，才会输光 1000 元，而输光的概率只有 $(\frac{1}{2})^{1000}$，这个数字太小了，计算器都不显示，几乎就是 0，敢玩游戏的人自然就多了。

商业银行好比就是把掷币游戏玩 1000 次的人，钱完全收不回来的概率接近于 0。这就让有闲钱的人敢把钱存到银行，银行敢发放贷款，并大概率能获得存贷款利差，这就是银行几百年来持续扩展和赚钱的秘密。

商业银行靠降低风险这一"秘籍"，促成了本来不会发生的交易和经济活动，创造了社会财富。它作为中间商赚取的差价，仅仅是其协助创造的社会财富的一小部分而已。

怎么样？商业银行的本事，比你以为的大得多吧？

第26讲 中央银行和货币政策

M1 和 M2
美联储如何运作
中央银行如何保证商业银行安全
商业银行何以凭空创造货币
美联储的决策如何影响世界

　　凯恩斯经济学产生之后，人们对货币的认识深入多了。货币不再被认为是中性的，货币对实际经济活动和居民实际福利具有重大影响。这是因为货币量的变化会改变利率，利率影响投资，投资影响有效需求，有效需求决定均衡 GDP，均衡 GDP 决定价格总水平和就业状况。

　　于是，货币总量的确定就非常重要，多了、少了都不行，多了引发通货膨胀，少了影响交易进行，需要控制在合适的规模。谁来调节和决定货币总量呢？答案是中央银行。而改变货币量的做法，就是中央银行的货币政策。

　　中央银行要控制和调节的是货币总量，它关注的货币量比个人通常理解的外延大得多。在货币政策决策者眼里，货币和货币也是不一样的，货币被分了层级。货币通常分为三层：M0、M1、

M2。这些都是统计指标，M 是货币的英文 money 的首字母，数字 0、1、2 表示货币的范围。

M0 是最小范围的货币，也就是现金，M0= 纸币 + 硬币。注意：M0 只包括银行系统外的纸币和硬币，存在银行里的不算。M0 就是通货膨胀里说的通货，流动性最强，可以直接冲击商品市场，对市场价格水平的影响最直接也最大。如果居民手里留有大量现金，随时可以入市买东西，那通货膨胀就箭在弦上了。

M1=M0+ 银行活期存款，活期存款就是支票存款，可以据此开出支票。活期存款变成现金不算困难，使用支票的场合也很多，但活期存款变成现金毕竟有个过程，支票使用有时候也受限，这一点就不如现金，很少有拒绝现金的场合，但支票并不是都乐意接收，因此活期存款对商品市场的冲击就不如现金直接。M1 的流动性总体弱于 M0。

M2=M1+ 银行定期存款 =M0+ 银行活期存款 + 银行定期存款。M2 就是所谓的广义货币，流动性最弱。因定期存款变成现金比较困难，与商品市场离得比较远，所以对价格水平的冲击力相对较弱。当然，总是会有一部分定期存款变成现金，货币政策当局对此也不能不察。

移动支付技术出现之前，中国消费者即使购买大额商品也是用现金居多。在移动支付基本普及的今天，使用现金的场合大为减少，移动支付就是使用活期存款进行支付。当然，部分农村和偏远地区还是以使用现金为主。中国的货币政策特别重视对 M0 的统计，主要是居民历史支付习惯使然。但在现代社会，M0 实际上早就没那么重要了,因为人们的支付习惯发生了重大变化。美国不统计 M0,因为当地流行支票,买很小额的东西也使用支票,现金使用经常受限,数额大点可能被怀疑洗钱。但美国移动支付不发达,可能是担心隐私泄露,用现金的场合还是有的。

中央银行是段位最高的银行,它最准确的定义是:银行的银行。中央银行负责管理商业银行和其他金融机构,保证金融系统的安全。同时它还是最后的贷款人,是所有货币的最终来源。

中央银行比商业银行晚 200 多年才出现,第一家中央银行是 1694 年创立的英格兰银行,即我们前文提到过的同名商业银行改造而成。在中国,1905 年成立的户部银行,后来叫大清银行,是中国第一家中央银行。

胡雪岩的阜康钱庄是当时首屈一指的金融机构,但就因为有人传他做生丝生意失败,引发储户挤兑,钱庄破产,压垮了这位曾经的清朝首富,他在贫病交加中离世,身后只留下胡庆余堂的牌子。

债权、债务关系是一个绵长的链条,钱庄或者银行倒闭,就像推倒了多米诺骨牌,整个链条都会塌陷。中央银行成立的初衷,就是防止金融机构遭挤兑。

美联储虽然不是全世界最早成立的中央银行,但被认为是第一家现代意义上的中央银行。美国首任财长汉密尔顿[①],是成立美

---

① 亚历山大·汉密尔顿(Alexander Hamilton, 1755—1804),美国开国元勋之一,《联邦党人文集》的主要作者,美国政党制度的创建者。因与政敌、副总统阿伦·伯尔(Aaron Burr)决斗,中弹不治身亡。

联储的主要推手。1913年，美国国会通过《欧文-格拉斯法案》，也叫《联邦储备法案》，美联储据此设立。美联储的全名是"美国联邦储备系统"（Federal Reserve System，简称Fed），由分布在全美的12家联邦储备银行组成，这是为方便各地商业银行就近获得帮助。12家联邦储备银行均设在美国当时的中心城市，即波士顿、纽约、费城、克利夫兰、里士满、亚特兰大、芝加哥、圣路易斯、明尼阿波利斯、堪萨斯城、达拉斯和旧金山。12家联邦储备银行权利、地位完全平等。美联储的成立终结了美国各州商业银行的货币自由发行权，垄断了美元发行。

美联储的管理层，主要是联邦储备委员会和联邦公开市场委员会。联邦储备委员会有7名成员，包括一名主席，他们全部由总统提名，参议院批准，任期14年。联邦储备委员会的主要任务是决定准备金率和再贴现率。联邦公开市场委员会有12名成员，包括前者的7名成员、纽约联储银行行长、轮值的其他4家联储银行行长，主要任务是决定公开市场操作。

最初有400家银行参与了美联储的创立，可以说美联储有400多个股东，到目前共有3000家会员。从所有权上看，美联储是私人企业，不是政府机构，但从控制权上看，因为联邦储备委员会是联邦政府的一部分，完全受控于国会，它又是公立机构。美联储是高度独立的，总统不能干预美联储的运作，也无权撤换主席，名义上主席到期自动辞职，其他成员也一块走人，但实际上主席可以连任，这更增强了其独立性。

中央银行应对银行挤兑的手段是准备金制度。各商业银行必须把收到的存款的一部分，按照规定比例（比如10%）交给中央银行。这部分钱叫准备金，商业银行存入准备金可以获得利息。这一规定比例叫法定准备金率，理论上准备金率可以是0~100%，实际上是0~10%。一旦银行遭遇挤兑，中央银行就可以动用准备金救助。正是因为有了准备金制度，美联储成立以后，美国基本没再出现过银行挤兑。

准备金还有更大的作用，变动准备金率是货币政策的一部分。我们已经知道，存款也是货币，现在我们要说的是，存款不只是居民在银行存的钱，还包括银行自己创造出来的存款，这部分存款才是存款的主要部分，因此也是货币总量的主要部分。

商业银行是如何创造存款的呢？跟中央银行的准备金制度有关。银行交了准备金之后，剩余的存款才可以用于贷款。准备金率越高，银行能发贷款的钱就越少，反之则越多。

和其他企业一样，银行也有资产负债表，存款是银行的负债，贷款是其资产。负债是未来需要偿还给别人的钱，资产是未来能带来收益的钱。表26-1是一家银行，我们叫银行1的简化资产负债表。

表26-1 银行1的简化资产负债表

资产	负债
存款准备金　+100元 贷款　　　　+900元	活期存款 1000元

银行1收到了1000元现金，这是它的负债，如果法定准备金

率是10%，它必须上交中央银行100元，假设银行1把剩下的900元全都用于放贷，不保留资金。此时银行多了1000元存款，但银行外少了1000元现金，现金和存款都是货币，此消彼长，经济中总的货币量没有发生变化。

变化开始于银行放贷，收到贷款的人把900元贷款资金存在自己的开户行，即银行2。注意，收到的贷款形式不是现金而是支票。表26-2是银行2的简化资产负债表。

表26-2 银行2的简化资产负债表

资产	负债
法定准备金　+ 90 贷款　　　　+810	支票存款　+900元

银行2多了900元的存款——支票存款。支票也是货币，因为符合货币的定义，既可以作为交换媒介买东西，也可以作为支付工具借钱和还钱。这900元的货币以前并不存在，现在经济中的总货币量就多了900元。它不是中央银行发行的，而是商业银行通过贷款活动创造出来的，这就叫"存款货币创造"。与一些老百姓所说的印钱不同，中央银行增加货币量一般用不着印，通过货币政策引导商业银行创造存款货币就可以了。

银行2也要重复银行1的操作，把存款的10%（即90元）交给中央银行，当然也是交支票，把剩余的810元全部贷出去。这810元迟早成为某家银行（比如银行3）的存款。整个经济中的货币又多了810元。

这样的存款和贷款操作一直进行，理论上没有尽头，除非中央银行规定准备金的最低额，只有不满足最低额要求时，存款创造的游戏才会结束。于是最初的 1000 元存款，最后在整个银行系统中将变成：

$$1000+1000\times(1-10\%)+1000\times(1-10\%)^2+1000\times(1-10\%)^3+\cdots$$
$$=1000\times[1+90\%+(90\%)^2+(90\%)^3+\cdots]=1000\times\frac{1}{1-90\%}=10000（元）$$

不要小看存款这件事，一小笔存款可能会演变成一大笔货币，救活一家急需资金的小企业。当然上边的 10000 元是理论上的结果，前提是所有贷款都以支票形式发放，而且所有银行均不保留资金，上交准备金后的资金全部用于放贷。如果有人取走了部分现金，或者银行没把全部剩余资金都放贷，存款货币创造就得打折扣；又或者当初存款人把现金全部取出，则存款货币创造的反向操作就会发生，10000 元货币将全部消失。

如果准备金率不是 10% 而是 5%，1000 元现金存款最终就会变成 20000 元货币；如果准备金率变成 20%，创造的货币就只有 5000 元了。当中央银行决定改变准备金率时，经济中的货币总量就会出现增减。货币多了，获得货币就容易，利率下降，投资增加，有效需求增加，均衡 GDP 增加，就业增加，价格总水平上升。如果货币总量减少，则相反情况出现。这就是货币政策的作用过程，货币就不再是中性的了。这里又显示出了商业银行的作用，不是中间商赚取差价那么简单，而是厉害得多。这也启示我们，看来虚拟的纸币和电子货币，其作用却不是虚的，而是实实在在的。

调整准备金率是中国人民银行常用的货币政策操作，美联储很少使用，后者主要利用公开市场操作。公开市场就是买卖美国国债的市场，因为对参与者没有限制，美联储也可以参与，所以叫公开市场。美联储进行公开市场操作，买卖美国国债，可以影响无风险利率，也就是长期利率水平，进而影响其他市场利率。美联储是中央银行，不是商业银行，不做企业和个人的存贷款业务，也不追求盈利，但实际上每年有几十亿美元的盈利，就是买卖国债赚的，除了发工资，这些利润全部要上交财政部。

如果美联储决定买入国债，就要"吐出"货币给商业银行，商业银行的存款多了，贷款就增加，然后通过存款货币创造，增加经济中的货币总量；如果卖出国债，相当于从商业银行"吃进"货币，减少经济中的货币总量。利率、投资、有效需求跟随变化，宏观经济随后就将扩张或者收缩。在美国，公开市场操作是美联储的联邦公开市场委员会决定的。

贴现率是准备金率和公开市场操作之外的第三大政策工具。贴现率简单说就是商业银行向央行借款的利率，提高贴现率，商业银行借款意愿下降，贷款减少，银行存款创造下降，经济中货币总量减少；反之则货币总量增加。后续的影响路径与调整准备金率及公开市场操作相同。

美联储加息或者降息的消息，总是让全世界的人竖起耳朵，高度关注。美联储加息或者降息，改变的是什么利率？

中国人民银行直接规定商业银行的存贷款利率，这是其最重要的货币政策手段，但美联储不这样做，美国的商业银行如大通银行（Chase）、美国银行（Bank of America）、富国银行（Wells Fargo）都是私人企业，利率相当于私人企业的产品价格，美联储无权直接规定。美联储决定的是联邦基金利率，也就是商业银行之间的隔夜拆借利率。隔夜就是今天借第二天还，好比今天住酒店第二天离开。按中国银行业的行话说，拆借就是有头寸（头寸就是余额，头寸据说是因为三个"袁大头"约一寸高而得名）的商业银行把头寸借给头寸紧张的同行。对经营货币的银行来说，有没有头寸都是家常便饭。

联邦基金利率是最短期的利率，对实际市场利率有决定性影响，商业银行给其最优客户的利率，一般比联邦基金利率高 3 个百分点。比如美联储规定的联邦基金利率是 4.5%，那市场利率就是 7.5% 左右。

加息使投资的成本增加，企业贷款减少，商业银行存款创造下降，加息是美元货币总量减少的信号。而美元是世界最主要的交易货币和储备货币（央行持有外国货币以备国际支付之用），美国加息，既影响本国，也波及全世界。首先受到影响的是股市和房地产。在美国，加息后因为经营成本增加，上市公司盈利预期下降，股市趋于下跌；房屋每月按揭增加，打压购房需求，房价趋于下跌。美国发行的美元现钞，差不多一半在其他国家流通，美联储加息，美元升值，相当于投资美元货币的收益率提高，促使投资者抛售其他货币换回美元，回流美国追求更高回报，其他货币由此贬值。

货币政策如此重要，中央银行于是成为经济的中枢。

第27讲 通货膨胀和通货紧缩

CPI

通胀有好有坏
中国通胀不常有
通缩的麻烦

　　通货膨胀是宏观问题、总体现象，不能凭个人感受下结论，比如自己买的东西贵了就认为经济中出现了通货膨胀。通货膨胀有严格的定义，是一般价格水平的上涨。一般价格和价格是两个概念，价格是就某种商品（含服务，下同）来说的，本质是相对价格，而一般价格则描述的是所有商品的价格现象。某种商品或者某些商品、很多商品价格上涨，都不算通货膨胀，只有所有商品或者几乎所有商品的价格都上涨并且不是昙花一现，而是持续一段时间，才能说经济中出现了通货膨胀。

　　所有商品的价格或者一般价格水平，就是给每种商品赋予不同权重，然后将赋予不同权重的价格加起来。但这么算几乎是不可能的，市场上的商品何止千万。这时候，别忘了统计，统计学就是解决个体看似无法完成的计算任务的科学。

一般价格水平通常用 CPI 统计指标表示，新闻中经常能看到这一指标。CPI 全称是 consumer price index，即消费价格指数，是与居民生活相关的代表性商品的价格统计指标。指数是没有单位的，就是一个数字。与居民相关的商品也太多了，CPI 统计只选取其中一部分作为代表，如猪肉代表所有肉类食品，可口可乐代表所有碳酸饮料等。中国国家统计局选了几百种代表性商品，分为八类：食品烟酒、衣着、居住、生活用品及服务、交通通信、教育文化娱乐、医疗保健、其他用品及服务。其中，食品烟酒权重最大，约为 30%。每种品类的权重是根据其重要性，大概就是在家庭生活支出中的比重确定的。这几百种商品俗称"一篮子商品"，因为购物常用篮子。美国的这个篮子比较大，有 80000 种商品，按大类计算：住房占 42%，交通占 18%，食品饮料占 15%，医疗保健占 6%，体育娱乐占 6%，教育和通信占 5%，服装占 4%，其他占 4%。

为什么只统计居民消费品，不统计其他商品，如投资品呢？因为投资品的价格水平最后也会体现在消费品中，CPI 统计的主要目的是判断价格水平上涨对居民生活也就是民生的影响，投资品的价格水平与民生关系比较间接。

通货膨胀率就是根据 CPI 计算的：

$$某年的通货膨胀率 = \frac{该年 CPI - 上年 CPI}{上年 CPI} \times 100\%$$

比如 2022 年，根据统计，样本居民户（家庭）购买一篮子商品全年的平均花费为 120000 元，记为 100，没有单位，这就是

2022年的CPI。到了2023年，还是这些居民户，还是购买同样一篮子商品，平均花费变成126000元，因为120000元对应的是100，那126000对应的就是105，后者就是2023年的CPI，比2022年上涨了5%，这就是2023年的通货膨胀率。注意，设定为100的CPI是比较的基础，CPI确定为100的那一年是基年，比如以前常说的2000年国民生产总值翻两番目标的基年是1980年。股票指数也一样，一般把交易所开业第一天所有股票开盘价的加权平均定义成100或者1000。

不管是美国还是中国，一篮子商品价格中都不包含住房的价格，美国CPI统计中的住房价格其实是房租。因为购买住房在经济学里被当作投资而不是消费。道理在于购买住房后可以节省租金，还能因住房价格上涨获利，消费品则没有这个特征，不过是通过消费获得效用，并没指望通过其增值获利。

通货膨胀在一般老百姓认知里是非常可怕的，一些学者和媒体添油加醋的渲染更坐实了通货膨胀的恶名。历史上确实出现过令人瞠目的通货膨胀，有记载的最严重的是两次。一次发生在100年前的德国"魏玛共和国"（1919—1933）时期，从1922年到1923年底，不到两年时间，该国价格水平上涨了100亿倍，经济因此崩溃，并且成为促成希特勒政权上台的因素之一。另一次是在二战后的匈牙利，1945—1946年，匈牙利的价格指数从100上涨到了400×10^{27}！但这些被称为恶性通货膨胀的情况是极为罕见的，几乎都是由于战争或者重大社会动荡所致。真到了这个分儿上，不管你是超级富豪还是身无分文，只要你的财富是货币形式，都会变成穷光蛋，所有人都会陷入万劫不复的境地。

一般情况下，通货膨胀是温和的，比如每年上涨幅度不超过1位数。这时通货膨胀不但没有危害，还对经济有好处。正常人的心理是买涨不买跌，价格水平温和上涨，可以刺激家庭消费，企业可以加价出售产品，弥补资源稀缺造成的成本上涨，生产得以扩大，这样有效需求就不会萎缩，宏观经济比较平稳。温和的通货膨胀无害，根本上是因为它符合人们的预期，不出乎大家的意料，人们可以据此调整各种价格（如购销合同或者雇用合同中的价格）规避损失。当然，通货膨胀虽然总体上没有危害，但会有部分再分配效应，在部分人得益的同时，少部分人还是会有所失，比如收入增长低于通货膨胀的人，又或者所购商品价格上涨幅度超过通货膨胀的人。正因为温和的通货膨胀没有什么危害，经济学家一般把3%以上的价格水平上涨看成真正的通货膨胀。

但如果再严重些，通货膨胀变成两位数或者更高，就是所谓"急剧的通货膨胀"，危害就将显现。急剧的通货膨胀出乎几乎所有人意料，无法通过预先的价格调整规避。这时通货膨胀往往有利于债务人、不利于债权人。债权人没有料到通货膨胀这么高，约定的利率低了，名义利率赶不上通货膨胀率。而对债务人而言，他除去偿还债务还可以有净收益。比如预期的来年通货膨胀率是5%，约定的利率是10%，实际通货膨胀率却是20%。债权人净损失15%。而债务人用借款买入商品，来年卖出，除去还债，还有15%的净收益。要知道，市场经济运行的基础之一便是稳定的债权债务关系，当它被破坏后，经济活动必然收缩，均衡GDP下降，经济陷入低迷。但这还不是最大的危害，最大的危害是急剧通货膨胀发生时，不是所有商品价格都以同一速度上涨，而是参差不齐，商品的相对价格发生错乱，而我们早就知道，相对价格是资源配置的信号，如果信号混乱，人们将无所适从。如果今天手机和面包的相对价格是 1000∶1，明天就变成 20∶1，后天又如何谁也不知道，那我们到底是生产手机还是面包呢？

当然，即便发生了急剧的通货膨胀，也不是所有人的情况都变差，有些企业价格上涨得比其他企业高，有些人收入增加得比其他人多，他们就是通货膨胀的受益者。

那么，中国的通货膨胀真实情况如何？ 1978 年改革开放以来，中国有过两次比较严重的通货膨胀：一次是 1988—1989 年，这两年的通货膨胀率分别为 18.8% 和 18.2%；另一次是 1993—1996 年，这四年的通货膨胀率分别是 14.6%、24.3%、16.8% 和 8.3%。其余年份的通货膨胀率基本在 3% 以下。所以，研究中国通货膨胀实在是没有很大的意义。

通货膨胀产生的原因有三个。

首先是需求拉动，就是总需求太大了，过多的货币追逐过少的商品。公众的情绪过于乐观，财政赤字太大，政府支出过多，货币发行过多，政策急剧变化，都可以让总需求过度膨胀。在货币主义大师弗里德曼看来，通货膨胀在任何时间和任何地点，都只是一种货币现象。货币少了，通货膨胀就不会发生。例如中国在 1988 年突然决定放开大部分物价，各种传言满天飞，多年来习惯了价格管制和物资短缺的人们一下子紧张了，各地同时爆发抢购潮，银行存款急剧减少，中国人民银行不得不增发货币稳定局面，造成改革后第一次通货膨胀高潮。而1993—1996年的通货膨胀，是受1992年邓小平"南方谈话"的巨大鼓舞，人们对未来充满信心，需求井喷，以及宽松的货币政策所致。

其次是成本上升，成本上升往往和外部冲击有关，也叫供给冲击。1979年，伊朗年轻人冲进美国驻伊朗大使馆，把使馆人员劫为人质，阿弗莱克导演的第85届奥斯卡最佳影片《逃离德黑兰》，就是根据此真实事件改编的。美伊交恶，原油运输受阻，美国人排长队加油，油价上涨。油价属最基础的价格，油价上涨导致所有企业的成本上升，企业纷纷加价，最后CPI大幅上涨。

根据美国国家经济研究局（NBER）的研究，2022年美国发生了40年来最严重的通货膨胀（超过10%），其中2/3源于需求拉动，1/3源于供给冲击，而需求因素中财政刺激又占了一半多。

另外，就是我上文提到的，预期也影响通货膨胀。如果物价年年涨，公众会形成来年继续通货膨胀的"合理"预期，那么工资协议、销售协议、借贷合同，都会把通货膨胀考虑在内，结果来年就没法不通货膨胀，好比自我实现的预言。

如果通货膨胀不是严重到了恶性程度，对其进行治理也是相对简单的。既然通货膨胀是货币现象，那中央银行就把货币闸门关好，实行紧缩的货币政策，比如少印钞票（即减少基础货币发行），卖出国债收回货币，提高贷款利率抑制企业投资；同时实行紧缩的财政政策，把政府购买支出和基础设施投资大力压缩一下。再不行，还可以实行工资-价格管制，通货膨胀这匹奔腾的马也就停下来了。

治理通货膨胀还有一个撒手锏，就是让经济衰退。经济学上有个很有名的奥肯定律（Okun's Low），经济增长率和失业率是此消彼长也就是跷跷板关系。而经济增长总是伴随通货膨胀，于是通货膨胀率和失业率也是跷跷板关系。只要让经济衰退，失业率上升几个百分点，通货膨胀率自然就下来。怎么让经济衰退呢？那太简单了，比如大幅度加息、加税，让企业无钱可赚。这个办法美国就用过，1980年美联储把联邦基金利率提高到20%，终于把高达10%的通货膨胀率给压下去了，但也造成美国历史上最严重的五次经济衰退之一。

但如果发生通货紧缩，就麻烦得多。通货紧缩是和通货膨胀相反的现象，是一般价格水平的持续下降，两者计算方法也相同。其表现就是东西越来越便宜，钱越来越值钱。既然如此，那不消费、不投资把钱留下来，就是赚了，这么简单谁不会呢？没人愿意买东西，生产自然就过剩，市场上商品积压，而且还会形成恶性循环。我们前文反复说过的1929—1933年的大萧条，就是通货紧缩。

中国曾在多个年份出现通货紧缩，如1998年通货膨胀率为–0.77%，1999年通货膨胀率为–1.4%，2002年通货膨胀率为–0.73%，2009年通货膨胀率为–0.73%。还有几年接近通货紧缩，如2000年通货膨胀率为0.35%，2001年通货膨胀率为0.72%。如果把一般价格水平上涨3%作为判断通货膨胀的标准，则中国从1978年到2022年的45年里，25年是通货紧缩；2000年以后的23年里，仅有5年通货膨胀率在3%以上。比起通货膨胀，研究中国通货紧缩更有现实意义。

那为什么好多人还感觉中国通货膨胀挺严重的呢？可能是房价上涨造成的错误印象，我们说了，通货膨胀并不考虑房价。

造成通货紧缩的原因，在铸币时代是货币太少不够用。实际上，人类文明史上多数时期都处于通货紧缩状态，因为挖矿（不是比特币的挖矿，而是真挖矿）和铸币都太麻烦。在纸币时代，技术进步是产生通货紧缩的一个原因，这是由于技术进步降低生产成本，但这是次要原因，而且技术进步不见得一定能导致通货紧缩。出现通货紧缩最主要的原因是有效需求不足。比如人们预期悲观、情绪低落，就可以抑制需求。"9·11"事件就打击了美国人的情绪，人们很长时间不愿意消费。过于紧缩的货币政策也能抑制需求。不少经济学家认为美联储货币闸门过紧，人为制造流动性干涸，是1929—1933年大萧条迁延日久的罪魁祸首。我也认为中国货币政策从未真正宽松过，即使在经济形势不利的时候，也绝不搞"大水漫灌"。另外，节俭的传统文化可能也会造成长期的通货紧缩。

除了技术进步造成的通货紧缩，其他情况下的紧缩都绝对是坏事，因为通货紧缩意味着很多人失业。但治理通货紧缩很难，奏效的办法几近阙如，差不多只能等待市场信心恢复或者突发事件，毕竟不能强迫大家买东西。1997—2003年中国一直徘徊在通货紧缩边缘，直到2003年非典疫情结束，被抑制的需求井喷，才一扫通货紧缩的阴霾。

看了这一部分，你对通货膨胀应该不会那么恐惧了。

第 28 讲

28 失业

> 宇宙的尽头是编制
> 经济不景气是失业的主要原因
> 最低工资法增加失业
> 技术进步与失业
> 个人能力与失业
> 就业歧视

大学毕业生考公务员热已持续了多年,不出意外还会继续热下去。进国有企业和事业单位也很流行,其中事业单位是中国特有的,它不是政府机构但又执行政府职能。一些名牌大学的毕业生这几年扎堆去大城市的中学当老师,这在以前非常少见。为什么会这样?答案是追求铁饭碗或者编制。编制就是纳入税收保证的人员数额。有了编制无失业之虞,一辈子生活无忧。所以网上有调侃说,宇宙的尽头是编制。

人都怕失业,因为失业让人处于不稳定状况,所以不免有惶惶不可终日之感。年轻时候可能不在意,但到一定年纪,大多数人都追求稳态。失业后没工作,没固定收入,生活变差,心情也会变差,患病概率大增,又不免滋生不满情绪,构成社会潜在不安定因素。不论对于个人、家庭还是社会而言,失业都是坏事。

就业乃民生之本，此言甚是。

失业是没工作，但没有工作的人不一定就是失业者。成为失业者的前提是符合劳动力的定义，例如 16 周岁以下的、正在上学的、已经退休的、残疾人（当然要视程度而定），都不是劳动力，这些人没工作也不是失业者。即使是劳动力没了工作，也不一定就算失业，他还必须在努力找工作。如果没工作也不找工作，可以合理地认定他有其他收入来源，可能只是不喜欢工作或者嫌报酬低才不工作。有些富二代（相当部分还是优秀的），就没想过要上班。这些人是自愿失业者，而经济学上的失业是非自愿的。

失业者的严格定义是：16 周岁以上，愿意接受市场决定的工资水平但没有获得工作并正在寻找工作的人。这样的人才是需要政府帮助的。相应地，失业人数与劳动力人数的比率是失业率。

降低失业率是宏观经济学的目标，也是政府工作的目标之一。而要解决问题，先要搞清原因。

造成失业的主要原因是经济衰退，也就是凯恩斯说的有效需求不足。企业生产的东西卖不出去，就得减产，也就不需要那么多工人。比如 2022 年，微软、谷歌、亚马逊等高科技巨头纷纷裁员，因为它们的业务量下降了。

失业还有其他原因，最低工资法就是其中之一。最低工资法就是规定任何企业雇任何人，必须支付规定水平以上的报酬。从感情、感觉上看，这是好事，关心爱护劳动者嘛！但一项政策好不好，不能只看出发点，还必须看效果。

市场决定的工资，才是最合理的。因为所有愿意接受市场工资的人都可以找到工作,失业的是那些不接受市场工资而要求更高的人,前者是自愿失业者。而最低工资一定高于市场工资,否则对企业就没有任何约束力,形同具文,因为按照市场工资雇人也符合法律。

实际上,最低工资并不低。2009年,美国的最低工资是15080美元/年;2019年,澳大利亚的最低工资是28768美元/年。我想,一年10000美元就愿意干的人也不在少数。

在最低工资的强制要求之下,一些觉得最低工资已经不错,比自己要求的还高或者和自己要求的一样高,准备接受工作的人恐怕要失望了。因为法律要求企业必须支付更高工资,工资提高,企业对劳动力的需求就下降,而以前认为市场工资低而不愿意工作的人也进场了,劳动供给增加了。更多的人竞争更少的工作职位,谁会被淘汰?低技能的人。企业在更高工资的要求下,雇技能低的人不划算,还可能增加亏损,不如雇工资要求更高但技能也高的人。

制定最低工资法的本意是照顾低技能的劳动者,让他们多些收入,结果却事与愿违,教育和技能不够的劳动力反而要失业了。比如从农村来的没有学历和技能的保姆,本来能找到一份月收入3000元的家政工作,但假如最低工资法规定保姆最低工资是每月5000元,以3000元雇她就违反最低工资法。雇主要么选择放弃找保姆,要么只好雇一个工资要求超过5000元的高级保姆比如大学生,因为大学生做家政还可以顺带教教小孩子文化,有点附加值。这个结果是无效率的,因为雇主本来不必花这么多钱,农村保姆也本来可以不失业。

美国最低工资法的出台，跟历史上工会势力强大有关。工会会员多，就可以通过游说影响政府决策和法律。美国最大的工会组织是 1955 年成立的美国劳工联合会-产业工会联合会（简称"劳联-产联"），现有会员 1150 万。不过从趋势看，工会的力量在下降，比如 1983 年该组织还有 1770 万会员呢！目前，加入工会的工人不足全部工人的 10%，也因此美国的最低工资法实际执行很不到位。

还有一个争议很大也很有意思的问题是，技术进步会不会增加失业？有了织布机，手工织布作坊的人肯定失业；有了电，制作煤油灯的工人必然失业。新技术的发明、新机器的使用，会让传统产业工人失业。然而，这只是事情的一面，另一面是正因为机器更有效率、产量更多、产品需求更大，反过来对劳动力的需求增加了。实际上，织布机发明之后，纺织业的就业人数比手工作坊时代增加了几百倍甚至更多。英国、美国和中国的经济起飞过程中，纺织业均功不可没。不要忘了，生产机器也需要劳动力，围绕机器生产的上下游产业形成的产业群，会大大增加就业。在这个意义上，技术进步造成失业是暂时的，增加就业才是最终结果。当然，手工作坊里的工人不可能一下子学会使用织布机，制作煤油灯的工人一时半会也学不会制作电灯，他们失业是不可避免的，但总体上，就业增加了。100 多年前，美国还有很多农民，现在农民的人数不足总人口的 1%。那些年纪大的农民失去了土地，又不能在城市找到工作，是非常痛苦的，但他们的后代进了城，改变了命运。由此看来，技术进步增加了就业，更推动了社会进步。

但技术进步增加失业的观念如此根深蒂固，事实也不能说服有执念之人。今天，随着企业越来越多地使用机器人，机器人将取代人工的说法，就是这种观念的最新变种。他们忘了，人是有创造力和想象力的，人能发明机器人，更能发明新工作。新技术的出现往往刺激新工作种类涌现。飞机的发明让空姐成为一种职业，计算机的发明催生了软件工程师，也就是"码农"这一新工种，移动互联网养活了一大批网红主播，以前哪有这些工作呢？

还有对 AI（人工智能）的担忧。最新的 AI 应用是通用聊天机器人 ChatGPT，该应用于 2022 年 11 月 30 日上线，能回答问题，帮助写文案、编程，而且质量很高，甚至可能颠覆现有的搜索引擎。这些都是好事，一旦从乏味的不具创造性的劳动中解脱出来，人们一定会创造出新的需求和相应的新工作。如果机器人把人类所有现有工作都做了，人们不用工作还能好好生活，那更是大好事。就好像疾病消失，医生都没事干了，难道不是好事吗？当然，这不可能，尤其是那些最具创造力的活动，恐怕很难被取代，比如科学研究。说到底，被取代是因为工作难度不够，价值也不够。

追求利润最大化的企业，不会使用创造价值低于市场工资的人。这些人的劳动生产力较低，是他们失业的原因之一。一般来说，未受过大学教育的人失业率明显高于大学毕业生，就是因为前者的劳动生产力不如后者。

除了大学教育，技能培训也很重要。哪怕没上过大学，学会打字、开车，在大城市找份养家糊口的生计，比如去打印社、开网约车也不是难事，但如果既没学历、亦无技能，除非有好的社会关系，否则失业就是大概率事件。

2022年，中国有一些大学生，毕业即失业。他们有学历也应该有能力，怎么也会失业？可能是眼光太高了，不肯放下身段。但对于这些人不用太担心，碰壁之后他们就会接受之前的工作。

歧视也影响就业。以前女生找工作时可能会遭到性别歧视，但我感觉现在性别歧视已经变得不那么严重了。更严重的是相貌歧视，漂亮女生会受到优待，长得不漂亮的可能会被歧视。此外，还有学历歧视、出身歧视、地域歧视等等。在一个讲关系的地方，不求助同学、老乡、亲戚，找工作很难。这些失业和个人能力无关，是社会需要改进的方面，因为这也属于歧视。当然，这是社会痼疾，难改。

对于失业，政府能做的就是通过财政政策、货币政策尽力维持适当有效需求，令经济保持增长。就如奥肯定律说的那样，经济增长率和失业率是跷跷板，经济好，失业率自然下降。另外就是鼓励教育和培训，让劳动力有一技之长。

对个人来说，除了努力接受更好的教育，提高自身技能，获取就业信息也很关键。一些互联网站或者App，如领英在提供就业信息方面作用巨大，类似淘宝之于购物，是找工作的主要渠道，这又是技术进步可以帮助就业的例证。

珍惜工作，不要失业，除非你已经财务自由。

第 29 讲 汇率

外汇市场
布雷顿森林体系
一价律和巨无霸指数
购买力平价

　　除非是物物交换，否则国际贸易背后一定伴随货币交换。汇率就是一种货币与另一种货币交换的比率，是以一国货币表示的另一国货币的相对价格，如 1USD=6.90CNY，USD 是美元的代码，CNY 是人民币的代码。因为牵涉货币，所以汇率是宏观问题而不是微观问题。

　　今天，可以在各种媒体查看人民币对多种外币的汇率，相关数据来自外汇市场。外汇市场是各种货币交换的场所，是世界性的。全球各个时区都有外汇交易中心，如亚洲的东京、新加坡、中国香港，欧洲的伦敦、法兰克福，美洲的纽约，其中最大的是伦敦交易中心。从格林尼治时间周日 20：15 到周五 22：00，也就是从北京时间周一 4：15 到周六 6：00，其间外汇市场不间断运转。亚洲交易时段结束，欧洲交易时段开始，欧洲打烊后美洲继起,然后再回到亚洲时段。

在外汇市场上,汇率是随时变化的。但准确地说,1973年之前,并不存在外汇市场,各国货币之间的汇率是固定的。

固定汇率有很多优点,最明显的优点是贸易关系简单,如果还要操心汇率,贸易关系就凌乱了。想象一下,如果美国每个州都发行自己的货币,无论做生意还是生活,是不是要混乱不堪呢?

世界经济史上,第一个国际货币也就是普遍被接受的外国货币是英镑。19世纪初,英国首先实行金本位制,本位就是中枢、基准的意思。在该制度下,货币价值由含金量决定,发行货币前要准备好黄金,也就是货币总量和黄金数量固定挂钩。比如1925—1931年,1英镑的含金量是7.3224克,而同期的美元含金量是1.504656克,这样1英镑就和4.8665美元(7.3224/1.504656)等值,这就是英镑和美元之间的汇率。也因此,英美之间的贸易关系很稳定。看到这种制度的好处,其他国家(如日本)纷纷效仿英国采用金本位制,这样各国之间的汇率就是固定的。不过,当时的中国实行的是银本位制,官方收税只接受银币,而民间交易主要用铜钱。

二战结束后,美国取代英国成为世界头号强国。1944年7月,44个国家的代表在美国新罕布什尔州的布雷顿森林公园,召开联合国和盟国货币金融会议,史称"布雷顿森林会议"。会议通过了《联合国货币金融会议最后决议书》《国际货币基金协定》和《国际复兴开发银行协定》,总称"布雷顿森林协定",对各国间汇率做了制度性安排。核心是双挂钩，首先是美元和黄金固定挂钩，美国保证任何时候任何国家可用 35 美元向美联储兑换 1 盎司黄金，其次是各国货币和美元挂钩，即各国货币按照各自的含金量确定与美元的汇率。于是，所有货币之间的关系就稳定下来，相当于世界上只有一种货币。这一制度大大促进了战后世界经济复苏。

从 20 世纪 60 年代开始，美国国际收支持续出现逆差，越南战争又大大增加了财政赤字。法国等欧洲国家担心美元对黄金贬值，集中向美联储兑换黄金，导致黄金价格不断上涨，出现了黄金的"双重价格"，一是跟美元的固定兑换价格，二是大大高于此价的实际价格，进而导致美国黄金储备大量外流。美国总统尼克松（1913—1994）在 1971 年 8 月 15 日宣布停止美元与黄金以固定比率兑换，布雷顿森林体系名存实亡，但根据《国际货币基金协定》和《国际复兴开发银行协定》成立的国际货币基金组织（IMF）和世界银行，今天还在并扮演着稳定世界经济和金融秩序的角色。

存世黄金量和年开采量都是非常有限的，不敷规模不断增长的国际贸易之需，而且金本位易被投机商"狙击"，1971 年后各国陆续放弃金本位，不再宣布货币含金量，[1]汇率也不再固定，世界进入浮动汇率制时代。1973 年，外汇市场建立，汇率开始由市场供求关系决定。

如果任由市场决定汇率，政府不加干涉，就是清洁浮动汇率

---

[1] 1979 年 IMF 通过《牙买加协议》，规定黄金不再作为货币使用。

(clean floating rate)制,但货币毕竟是各国央行的"产品",政府不可能完全不干涉,浮动超过一定限度各国央行就会干预,这就是肮脏浮动汇率(dirty floating rate)制或者管理浮动汇率制。当然,管理的程度差别甚大,有的很少干涉,其汇率接近清洁浮动,如美、英、日和欧盟,有的则干涉频繁,如阿根廷、泰国等。

改革以后,中国逐步从固定汇率制过渡到浮动汇率制,目前实行的是"以市场供求为基础、参考一篮子货币进行调节、有管理的浮动汇率制度"。中国香港特别行政区则实行"联系汇率制度",也叫货币发行局制度。港币和美元以固定汇率1美元=7.8港币挂钩,按此汇率,发行港币须有100%的美元储备,港币发行和联系汇率的维持具体由中银香港、香港汇丰银行和渣打银行三家商业银行负责,实际上是一种固定汇率安排。

巴拿马、厄瓜多尔和萨尔瓦多三个国家更特殊,没有自己的货币,完全使用美元,因此也就没有汇率制度。

浮动汇率制度下,外汇市场的参与者,包括投机者和贸易商,都要研判汇率走势,即目前的市场汇率是不是合理的,将朝哪个方向变动,以规避汇率风险。那么,汇率合理与否的依据是什么呢?

一种简单但又深刻的思路是一价律(law of one price)。一价律认为在自由贸易条件下,同一种商品不管在哪个国家都应是同一个价格,汇率的作用就是保证不同国家的价格同一。这可以用巨无霸指数(BMI,big mac index)形象地解释。英国《经济学人》(*The Economist*)杂志,从1986年开始每年公布不同国家麦当劳餐厅所售巨无霸汉堡的当地价格，把它们指数化并进行对比，作为不同货币之间汇率的标准，并与市场汇率对照，以判断实际汇率被高估还是低估。

各国巨无霸都按麦当劳公司统一标准制作，应该是一个价格。假设在中国每个巨无霸售价是 15 元人民币，在美国是 4 美元。按照一价律，15 元人民币和 4 美元等价，即 4 美元 =15 元人民币，则美元和人民币的汇率应该是 1 美元 =15/4 元人民币 =3.75 元人民币。如果实际汇率，也就是市场汇率是 1 美元 =6.90 元人民币，人民币就被低估了，低估的程度是：$\left|\frac{3.75-6.90}{6.90}\right| \times 100\% = 45.7\%$，接下来人民币汇率应该上涨，也就是 1 美元能兑换的人民币数量下降。因为中、美销售的巨无霸存在价差，只要在中国买巨无霸然后卖到美国就可以赚钱，这叫套利。具体操作为：在中国用 15 元人民币（按市场汇率是 15/6.9=2.17 美元）买巨无霸，运到美国以 4 美元出售，换成人民币就是 4×6.9=27.6 元，不考虑运费和其他费用将获利 12.6 元（27.6–15=12.6 元）人民币或者 1.83 美元（12.6/6.9=1.83 美元）。赚钱的关键是要有大量人民币，以便从中国购买便宜的汉堡包。人民币是用美元换来的，这样很多人就会抛售美元换人民币。市场上，美元的供给量增加，需求量暂时不变，按照供求原理，美元价格即市场汇率下跌；同理，人民币汇率则上升。套利过程会持续到无利可图，此时，市场汇率就十分接近一价律水平（不完全相等，考虑到运费等因素）。

一价律思路正确，但国际贸易涉及的商品不可能就巨无霸一种，沿用一价律的思路，经济学家们提出了购买力平价理论，"平价"和"一价"是一个意思。购买力平价理论认为,人们需要外国货币,是因为它能买外国商品,也就是有购买力,所以两个国家货币的比价即汇率,就是两个国家货币购买力的比率。如果商品价格是100元,则100的倒数1/100就是1元货币能买到的商品量,它就是货币购买力。那么,所有商品的价格的倒数就是一国货币的购买力。而我们已经知道,所有商品的价格就是一般价格水平,因此汇率就是两国一般价格水平的比率。

通货膨胀也就是一般价格水平的上涨将使一国的货币购买力下降,如果A国的预期通货膨胀率比B国高,A国货币相对B国货币将贬值(即汇率下跌),同时B国货币升值(即汇率上升)。注意预期在这里的作用,汇率变化正是人们根据预期采取行动的结果。

购买力平价理论有强大的说服力,但也有重大缺陷。它的假设是每个国家的人们购买的商品一模一样,这是不可能的。即使巨无霸这种看起来没什么差异的商品,各国使用的原材料、人工都不同,更不用说不同国家一篮子商品的巨大差异了。人民币在中国能买的商品篮子和美元在美国能买的商品篮子差别就很大,比如中国的房子和美国的房子、在中国看病和在美国看病、中国人的早餐和美国人的早餐,可比性很小。

购买力平价理论还忽略了资本在国家之间的流动。考虑到资本流动,汇率就与利率相关。一国的利率相当于购买该国货币的收益率,如果预期一国利率提高,资本可以自由流动,则投机者会纷纷把其他货币兑换成该国货币,以投机获利,该国货币需求增加，货币将升值，即汇率提高。这样，利率差异成为判断汇率合理与否的又一个标准。

一个更综合的判断汇率合理与否的标准是国际收支。国际收支的项目很多，但最重要的还是商品的进出口，也就是所谓贸易余额。出口大于进口就是贸易顺差，最早中国人称之为"出超"，进口大于出口则为贸易逆差，也被称为"入超"。

以中美贸易为例，中国经常出现贸易顺差，美国则常年保持逆差。美国人买中国商品需要把美元换成人民币，这会增加美元供给；中国人买美国商品需要把人民币换成美元，美元需求增加。如果预期中国出现顺差、美国出现逆差，外汇市场上的美元供给量将大于需求量，美元对人民币汇率下跌。

说通俗点，美国贸易逆差的净结果就是美国获得了中国的真实商品，中国获得了美元。但美元不过是纸片，留着无益，得换成美元资产才能保值增值（商品已经买过，不再需要）。而最安全的美元资产就是无风险的美国国债，中国2022年平均持有1万多亿美元的美国国债。这些国债就是所谓的外汇储备的一部分，外汇储备中少部分是外币存款，大部分是国债等有价证券。中国是目前世界上外汇储备最多的国家，共有价值3万多亿美元的外汇储备，也是除日本之外美国国债海外最大持有国。美国国债的收益率很低，只有大约2%，肯定低于中国国内投资的平均水平，如果美国出现通货膨胀，实际收益率就更低。美国一方面用"纸片"换来了真实的商品，另一方面通过出售国债，为财政赤字融资。而且大量美元回流美国，使美元利率可以长期保持在较低水平，有利于美国国内的投资和经济增长。

为了支付外债、进口急需的外国商品，适度的外汇储备是必要的，但过多无益。中国人民银行的外汇储备多是以发行新人民币的方式从创汇企业处购买的，这些人民币是所谓的基础货币或者高能货币，具有很大乘数效应，明显增加经济中的货币总量，这些多出来的货币会加在所有商品之上，由全体消费者买单。

所以，贸易顺差不意味着占便宜，而逆差也并不意味着吃亏，长期看，出口和进口基本平衡才是最佳选择。这也是生活常识，我们天天去超市购物，而超市却从不买我们的东西，超市对我们就有顺差，而我们对超市则是逆差，我们吃亏了吗？当然没有。

严重偏离均衡水平的顺差和逆差，往往是人为扭曲汇率的结果，尤以压低汇率为常见，以前不少发展中国家为扩大出口都这样做过，这就是欧洲历史上著名的重商主义思想的延续。因此，让汇率保持在合理均衡水平是十分重要的。如同在微观经济学里，让价格反映真实供求关系也是极其重要的。

第30讲 国际贸易(一):绝对优势和比较优势

大航海时代
玉米和土豆引进中国
绝对优势
比较优势

1500年是人类历史上的重要节点，这前后，多个伟大的航海家进行了远洋探索，开始了大航海时代。如1487年迪亚士（1450—1500）带领的船队到达非洲最南端的好望角，1492年哥伦布（1451—1506）横渡大西洋第一次到达美洲大陆，1498年以达·迦马（1469—1524）为首的船队开辟了从欧洲绕过地中海和阿拉伯半岛到达印度的航线，1519—1521年麦哲伦（1480—1521）的船队成功进行人类第一次环球航行。人类从1500年起进入近代史阶段，全球化开始了。

现在我们吃的玉米、西红柿、红薯、土豆、辣椒、菠萝原产地都是美洲，大约在明朝时期被引进中国。如果没有全球化，这些东西不会出现在我们的餐桌上。更重要的是，玉米、红薯、土豆是高产作物，对土地质量的要求相对较低，特别是玉米、红薯和土豆引进后，先是在南方，然后在北方广泛种植，大大提高了中国粮食总产量，除了我们以前说过的"摊丁入亩"的税制改革，这些作物的引进也是明朝后期和清朝人口大量增加的原因。由此一斑可感受全球化之全貌。

马克思、恩格斯在《共产党宣言里》说："美洲的发现、绕过非洲的航行，给新兴的资产阶级开辟了新天地。……资产阶级，由于开拓了世界市场，使一切国家的生产和消费都成为世界性的了。……资产阶级，由于一切生产工具的迅速改进，由于交通的极其便利，把一切民族甚至最野蛮的民族都卷到文明中来了。……它迫使一切民族——如果它们不想灭亡的话——采用资产阶级的生产方式。……正像它使农村从属于城市一样，它使未开化和半开化的国家从属于文明的国家，使农民的民族从属于资产阶级的民族，使东方从属于西方。"

为什么全球化潮流浩浩汤汤，不可阻挡？简单说，就是因为让人和物在更大范围流动，比封闭单干好。今天全球几十亿人都实实在在地享受着全球化的便利。不过就像我们都会使用筷子，但未必人人都能明白其背后的杠杆原理一样，全球化为什么好处多多，也不是人人都能明白的，而经济学很好地解释了这背后的道理。

先是亚当·斯密提出了一个解释：每个国家生产每种产品的直接成本不同，什么都生产不如只生产直接成本低的，放弃直接成本高的，然后互相贸易，则所有国家的福利都会提高。而直接成本（也就是会计成本）低就叫绝对优势。斯密说，每个国家不应该什么都生产，只应生产具有绝对优势的，放弃不具有绝对优势的，后者通过与其他国家的贸易获得，这样每个国家的福利都会改进。这就叫绝对优势原理。

我们用最简单的例子来说明。假设只有两个国家——A 和 B，它们只能生产两种东西——面包和酒。假设 A、B 各有 100 个劳动力，而生产只需要投入劳动力，其他资源可以免费获得。同时假设消费者必须消费等量的面包和酒。A 和 B 的生产力水平如表 30-1 所示：

表 30-1　A、B 每人每天的生产水平

A	B
3 单位面包	1 单位面包
1 单位酒	3 单位酒

设定这么多假设，是为了分析方便、直奔主题。不这样假设结果也一样，但分析起来太麻烦了，这叫简化，是科学的敲门砖，应该仔细体会，尽量学会。这一点，我在本书中说过好几次了。一个人的思维能力在很大程度上，就是假设的能力。

A 用 1 个劳动力可生产 3 单位面包，1 单位面包只需要 1/3 个劳动力，而 B 需要 1 个劳动力。A 生产面包的直接成本低于 B，有绝对优势。同样道理，B 生产酒有绝对优势。

如果 A、B 封闭、各自为战，根据同量消费假设，A 必须用 25 个劳动力生产面包，75 个劳动力生产酒，这样面包和酒的数量才相等。而 B 必须用 75 个劳动力生产面包，25 个劳动力生产酒。

于是，两国的消费水平都是75单位面包和75单位酒。

如果开放，即各国只生产自己具有绝对优势的产品，然后通过贸易获得其他产品，会如何？这有很大风险，万一对方偷偷什么都生产，自己就吃大亏了。别忘了同量消费假设：1单位面包、1单位酒可比100单位面包、0单位酒要好。

此时若A只生产面包，可生产300单位，B只生产酒，也可生产300单位，而以前的总产量都是150单位，这就为提高福利打下了基础。总产量增加，它们必然要交换，交换比例是关键，如果A把1单位面包给B，B最多愿意给A多少单位酒？3单位！因为对B来说，3单位酒和1单位面包等价。那么，给多少A就可以接受？1/3单位！因为对A来说，1/3单位酒和1单位面包等价。具体比例是通过谈判决定的，只要在1/3和3之间，都可以接受：哪怕是1/3，A也不吃亏，虽然B占了大便宜；哪怕是3，B也不吃亏，虽然A占了大便宜。这是两个极端，其他比例对双方而言都有好处。这个例子再次证明，自愿交易的最差结果是只有一方占便宜，一般结果是双赢，没人因为贸易吃亏，否则不交易就可以了。

假定谈判结果是1单位面包交换1单位酒。A把150单位面包给B，自己剩下150单位面包，同时收到B的150单位酒；B收到A的150单位面包，同时把150单位酒给A，自己还剩150单位酒。两国面包和酒的消费水平都是150单位，比不开放翻了一番。为什么不用担心对方不和你做生意？因为假定对方是理性的，不是傻瓜。

人还是那些人，为什么消费翻了一番？因为对外开放，各国可以集中资源生产自己具有绝对优势的产品，放弃不具有绝对优势的产品，生产后者的机会成本太大了，得不偿失。这就是绝对优势理论告诉我们的应该开放的原因。

那无论生产什么都有绝对优势的国家，还需要和别人贸易吗？经济学家李嘉图说：当然需要。他在1817年就说清了这个道理，这就是著名的比较优势原理。

如果把两国的生产力改为下表的情形，其他假设不变。

表30-2　A、B每人每天的生产水平

A	B
5单位面包	1单位面包
5单位酒	3单位酒

显然这时A生产面包和酒都有绝对优势，B生产两种商品都没有优势。根据绝对优势理论，A就不必和B合作了，B也不好意思谈合作。但李嘉图说不然，依然可以合作，分工、交换，实现双赢。虽然A生产两种产品都有绝对优势，但具有的优势程度不一。用机会成本对照一下，就清楚了。机会成本这个重要概念，我们说过很多次了，想必大家都已有所把握。A生产5单位面包的机会成本是5单位酒，那么生产1单位面包的机会成本就是1单位酒；同样，A生产1单位酒的机会成本也是1单位面包。B生产1单位面包的机会成本是3单位酒，生产1单位酒的机会成本

是1/3单位面包。

谁的机会成本低，谁就有比较优势。A生产面包的机会成本低于B，有比较优势；B生产酒的机会成本低于A，有比较优势。B虽然样样都不行，但还在生产酒上具有比较优势。A再厉害，也不可能每样都有比较优势，否则根据机会成本的定义，就出现矛盾了!

假如A觉得自己厉害不想跟B合作，就必须用50个劳动力生产面包，50个劳动力生产酒，产量是250单位面包和250单位酒。B须用75个劳动力生产面包，25个劳动力生产酒，产量是75单位面包和75单位酒。此处，仍然不要忘了等量消费的假设。假如合作，A多生产面包，B多生产酒。比如A用80个劳动力生产面包，可产400单位面包，20个劳动力生产酒，可产100单位酒；B干脆只生产酒，因为在酒的生产上比较优势太大了，可产300单位酒。A、B的总产量就是400单位面包和400单位酒。

还是那个问题，怎么交换？假定A把100单位面包给B，B最多愿意给A多少酒？这就是机会成本问题：300单位！给多少酒A就能接受？100单位！如果谈判结果是200单位酒换100单位面包，则皆大欢喜，又是双赢。交换后，A的消费水平是300单位面包和300单位酒，B的消费水平是100单位面包和100单位酒，两国福利都提高了。

结论一目了然，一个国家不论先进与否，选择开放、与他国分工合作，也就是贸易自由化，就比封闭状态的自给自足生活更好。

第31讲

国际贸易（二）：自由贸易还是贸易保护？

> 任何国家都需要进口的三个理由
> 直接生产和间接生产
> 美国人如何看上电视
> 日本人如何乘飞机最划算
> WTO 的目的是让走私无利可图

试着想一下,世界上有没有能完全自给自足,不需要任何进口的国家呢?如果有,须得满足一些条件。

第一个条件自然是,它拥有所有产品生产所需的资源并且资源足够多。世界上有大约 200 个国家和地区,还无一满足这个条件。在经济大国中,美国算是资源最丰富的国家之一,但稀土金属储量就明显不足。中国也是资源最丰富的国家之一,而且稀土资源世界第一,但耕地资源不足,水资源缺乏且分布不均。日本有储量的矿产才 12 种,其他都需要进口。更不用说沙特阿拉伯一寸耕地没有,粮食全部需要进口的极端情形了。

即使有这么一个国家,什么资源都有,也不够。它还必须在每种产品的生产上都有绝对优势,否则进口不具有绝对优势的产品对它更有利,这个道理前文说过。但这样的国家也不存在。日

第 31 讲　国际贸易(二):自由贸易还是贸易保护?

本的制造能力算是顶尖的，但种大葱就没有绝对优势，需要从中国进口。

那如果一个国家什么资源都有，还在每种产品的生产上都有绝对优势，它还需要进口吗？当然需要。因为它不会在每种产品的生产上都有比较优势。我们已经知道的原理是，一国应专注具有比较优势的产业，放弃不具有比较优势的产业，通过进口满足需要，亦能提高一国福利水平。

还有，如果美国人想吃正宗中餐，中国人想看北海道的风光，日本人想参观金字塔，非洲人想去法国留学，巴西人想去英国踢足球，不进口怎么解决？提示：出国旅游和出国留学都属于进口。

结论只能是：任何国家都依赖其他国家，都需要进口，正是相互依赖使全球化成为必然。当然我们这里有个前提：每个国家的人都追求利益最大化，想过更美好的生活，这正是经济学的基本假设。

苹果手机是美国人发明的，但主要在中国大陆制造。因为制造手机的主要成本是人工，美国在这方面没有比较优势而中国有。这样美国和全世界的消费者在苹果手机上的花费才会最低，也就是有效率。苹果的总部在美国，主要的研发中心和营销中心也在美国，笼统地说，苹果是一家美国公司。但苹果代工企业富士康集团分布在中国大陆几十个城市的多家子公司，却都是100%的中国企业。它雇用中国劳动力，租用中国土地，向中国纳税。需要说明的是，二战后，苹果这样的跨国公司是全球化的主要推动者。

牛仔裤也是美国人发明的，但美国已经完全放弃了牛仔裤生产，生产牛仔裤的企业主要在中国。因为牛仔裤生产已经没有秘密可言，完全是拼人工。还有很多产品的制造和牛仔裤生产一样，最大成本是劳动力成本。在这方面，有14亿人口的中国具有显著的比较优势，因此早已成为世界最大的制造中心，而以前这是不敢想象的，这是中国改革开放、积极参与全球产业分工合作的结果。

20世纪80年代之前，美国是世界第一电视机生产大国，之后被日本取代，最终完全放弃了电视机生产，反过来主要从日本进口电视。但美国也不是什么产业都放弃，飞机制造至今依然是美国最具有比较优势的产业之一。美国是主要的飞机制造国，波音飞机就是美国制造的。而日本虽然精工制造非常厉害，但几乎不涉足大型飞机制造业，需要从美国和欧洲进口。美国不生产电视，日本不生产大飞机，这是寻常人能看到的，而从经济学家的视角看，美国还在生产电视，日本也在生产飞机。这又是怎么回事呢？

生产有两种方式，直接生产和间接生产。直接生产就是造流水线，间接就是交换得来。美国生产飞机出口到日本，换回日本生产的电视。日本生产电视出口到美国，换回美国生产的飞机。只要两国进行贸易，美国人表面上在生产飞机，实际上也在生产电视；日本人表面上在生产电视，实际上也是在生产飞机！

重要的是，一个国家即使能也不应该什么都直接生产，而是根据比较优势参与国际分工。美国生产电视没有任何障碍，但美国的资源是有限的，资源用在生产电视上就不能再生产飞机，而它生产飞机具有比较优势，把用在生产电视上的资源用于生产飞

第31讲 国际贸易（二）：自由贸易还是贸易保护？

机可以换回更多电视。对美国人而言，用生产飞机的方式生产电视比直接生产电视花费更少，美国人想更便宜地看电视就别直接生产电视。同理，用生产电视的方式生产飞机比直接生产飞机，能让日本人在乘飞机上花费更少，日本人想更便宜地坐飞机，就不能直接生产飞机。

生活也是这样。明星们不自己做饭、看孩子、开车，即使他们在这些方面能做得更好。因为他们的时间资源是有限的，用在这些琐事上的机会成本太大了，还是把全部精力都放在自己最拿手的，也就是最具有比较优势的事业上更好。所以，从这层含义上明星解决了很多人的就业。为什么大城市好找工作？因为那里有很多人和明星类似，明明自己能干的事，也要想请人代劳，然后发挥自己的比较优势。即使你没什么技能，只能干一些粗活，也能在那里安下身来。因为虽然你没更高的技能，但可能在某些事情上有很大的比较优势，而这正是别人所需要的人。

世界就是如此奇妙。

但为了世界能自由贸易，需要解决的障碍很多。首先是关税壁垒。商品从一个国家到另一个国家要过海关，这个环节征的税就是关税。关税就成了进口商品成本以及市场售价的一部分，如果关税太高，进口的商品就很难卖，竞争不过本国直接生产的商品，国内的生产商将获胜。而本国直接生产本来没有比较优势，这是效率的损失，最终表现为消费者的过高付出。关税太高还诱发走私，因为内外价差太大，走私利润惊人。走私就是偷逃关税，而反走私需要大量人力、物力，这又可能诱发贿赂和腐败。

涉案金额达530亿元的厦门远华特大走私案就是这方面的典型案例。除了关税，还有其他五花八门的限制进口的手段，比如配额[①]、进口许可证、补贴（如欧盟的农产品补贴）、技术性贸易壁垒（如卫生检疫标准）等。

如果某国没有绝对优势和比较优势，但仍拒绝外国产品而自己生产，就是贸易保护主义。贸易保护主义有各种冠冕堂皇的理由，很具蛊惑力，但结果却是不利于全体消费者的。WTO（World Trade Organization，世界贸易组织）正是为此而生。它是全世界有识之士包括经济学家积极探索，各缔约国积极努力又互相妥协的产物，也是人类智慧的结晶。WTO是专门致力于降低关税和非关税壁垒，协调解决贸易纠纷，促进自由贸易的国际组织。说得再明白点，WTO的宗旨就是让商品走私消失，因为商品可以在各国自由流动，价格十分接近，走私无利可图。

有一个观念在世界各地都有不少拥趸，这就是必须保护本地的幼稚产业。所谓幼稚产业，即处于发展初期，经不住便宜进口浪潮冲击的产业。这是很大的误解。初创企业只要技术先进，能满足人的普遍需要，即使看似柔弱内在活力也是惊人的，不用保护也能长大。如果本来就没有前途，保护不过是徒劳无功。至于其是不是有前途，必须靠市场竞争鉴别，包括和外国同行同场竞技。国外的苹果、微软、谷歌和脸书，以及国内的腾讯、阿里巴巴，都曾经幼稚也没被保护，对微软和谷歌来说，在美国不用反

---

① 规定进口商品数量的做法。

垄断法打击它们已经是政府对它们的"宽容"了,它们依然都长成参天大树。相反,以前国内汽车产业受高关税保护多年也没成熟起来,让国内汽车业真正兴起、汽车进入寻常百姓家的恰恰是中国加入 WTO 后,汽车行业合资和引进技术的发展。贸易保护主义保护的是部分产业,是部分人的利益,而自由贸易保护的是全体消费者的利益。

支持贸易保护主义和支持自由贸易,两种声音、两类人,从来存在,还将长期存在,但经济学家大多坚决支持自由贸易。

最近几年,全球化势头明显回落,贸易保护主义抬头,但我相信,这是暂时的,人类不可能回到发现新大陆之前的隔离状态。

第 32 讲 经济增长

资源

人口

技术

人类历史上只发生了一件大事

制度比技术更重要

日本失去了 30 年吗

经济增长和普通人并无直接关系，一般人关注的经济增长是短期现象，也就是经济周期问题，比如去年经济增长率是百分之几，预计明年是百分之几。经济增长是长期现象，比如几十年或者更长时间的增长趋势，关心这个话题的人很少。说实话，以前的经济学家也不怎么在意，凯恩斯在写《就业、利息和货币通论》、创立宏观经济学的时候，压根儿没有提到经济增长。在凯恩斯看来，人是短期动物，不关心长期的事情。凯恩斯的宏观经济学就是短期的宏观经济学，也就是仅关注短期的繁荣和萧条，特别是有效需求和就业。后来情况有变，经济增长这个长期问题居然成为宏观经济学的核心内容。美国经济学家索洛（1924—）就因为研究经济增长获得了 1987 年诺贝尔经济学奖。他认为虽然人都只生活在短期，但愿意为后代着想；而国家之间的竞争也不在一时输赢，必须靠长期的潜在能力。

经济增长是指一个国家潜在 GDP 的增加。潜在 GDP 大体就是充分就业并且没有通货膨胀时的最大产出，也叫生产能力，经济增长就是生产能力的提高。这显然很重要，如果一个国家想拥有更美好的未来，让后代更幸福，就得追求经济增长。既然经济学是让人幸福的科学，怎么能不关心经济增长呢？

那么，什么决定一个国家的经济增长？三个因素：资源、技术和制度。

资源首先是自然资源，这是大自然的馈赠。人类最初就是靠天吃饭，而今天美国和中国成为世界最大的两个经济体，和两国国土面积大、自然资源丰富有直接关系；中东国家如果不是沙漠下埋藏着石油，发展经济、改善生活几乎无从谈起；咖啡、玉米、大豆和铁矿石是南美第一大经济体巴西长期的主要出口产品；能源产业一直是俄罗斯经济的最大支柱。这都是经济增长依赖自然资源的例子。

更重要的资源是人力资源，即劳动力的数量和质量。广东省已经连续多年成为中国 GDP 第一大省（严格说是省级行政区域，下同），同时也是按常住人口统计的人口第一大省。其他 GDP 排名靠前的省份，江苏、山东、浙江、河南、四川都是人口大省。这不是巧合，而是有很大必然性，没有两亿多进城务工人员，哪会有城市的高楼大厦林立？而中国成为世界制造中心，正是由于劳动力数量的巨大优势。

劳动力数量重要，质量也重要。劳动力的质量，包括受教育程度、培训以及遵守规则等方面。要知道，制造业并不仅仅是流水线操作，中间有不计其数的难题需要解决。改革开放以后，恢复高考，中国的高等教育规模逐渐位居世界第一，一批又一批毕业生成长为各行业的骨干。2022年中国人口减少85万，印度成为世界第一人口大国，但即使如此，印度想在制造业上超过中国也很难，中国工人的素质可以在很大程度上弥补数量的减少，而印度在这方面的差距还很大。当然长期看，人口减少是严峻问题，需要认真应对。说到遵规守纪，日本人常被点赞。2022年卡塔尔世界杯期间，日本队比赛踢得顽强，赛后还不忘把更衣室打扫得干干净净，这就是素质。但素质不是一日之功，这也是为什么我对中国制造一直有信心。

技术是什么？

技术是科学的应用，是人力的延伸。原始人打造的狩猎用石器就是技术发明的雏形，中国古代的四大发明也都是技术发明。在经济领域，技术就是能增加生产可能性的方法，以前不能做的现在能做，就是技术进步。

经济史学家研究发现：从公元元年到1820年，世界人均GDP几乎没有变化；从1500年全球化开始到1820年，世界人均GDP增长仅为0.3%。当然和以前相比，这已经非常了得，是全球化的功劳。人类人均GDP明显增长是1820年之后的事，至今不过200年，这在很大程度上要归功于历次工业革命。工业革命只是习惯叫法，实际应该是技术革命。

迄今，人类已历经三次工业革命。第一次是以蒸汽机发明，机器替代手工为标志。第二次是以电灯发明和电力大规模应用为标志。第三次则以计算机和互联网发明和使用为标志。正在被热议、认为即将或已经出现的第四次工业革命，是以人工智能等为主要标志。

大经济学家马尔萨斯在《人口原理》中曾对人类前景感到悲观，认为人类必需的食物以算术级数增加，而人口却是几何级数增加，到一定时点，必然出现饥荒；即使食物生产水平偶尔有所提高，也终会被更多的出生人口所吞噬，人类永远无法摆脱在生存边缘徘徊的命运；为人类生存考虑，必须控制人口，如果人们不能自觉地减少生育，就不得不用极端手段，包括战争、瘟疫等来控制。历史证明，马尔萨斯错了，错在没有估计到技术进步。马尔萨斯晚年的时候，科技革命正在酝酿，可惜他没能看到。正是因为技术革命，人类彻底摆脱了马尔萨斯所说的悲惨命运。

美国加州大学戴维斯分校的格里高利·克拉克（Gregory Clark，1957—）教授有一个非常惊人的观点：人类历史上只发生过一件大事，就是1760—1840年间的英国第一次工业革命；其他事情，包括朝代更替，可能细节很有趣，但并不重要。中国改革开放的总设计师邓小平反复强调说，科学技术是第一生产力。善哉斯言！

还有比资源和技术更重要的因素，这就是制度。

最近40多年来，中国GDP年均增长超过9%，中国是世界上增长最快的主要经济体，这是伟大的奇迹。其中的主要原因是什么？有人说中国自然资源多，劳动力数量居世界第一，技术进步也不少，腾讯、阿里、百度、华为都是世界知名高科技企业。这些说法似乎是有道理的。但问题是，40年以前，中国的自然资源状况比现在还好，劳动力数量也是世界第一，也取得了不少重大技术进步，但为什么没有出现后来这么快的经济增长呢？

资源必须有效配置，经济才能发展得好。以前实行计划经济，产品按计划生产和调配，人被束缚得死死的，没有民营经济，没有乡镇企业，高考都被取消过，农民进城都被驱赶，更没有企业家。资源不能有效使用，就是累赘、无用之物。好比石油，没有开采技术，就是废物。而改革开放之后，搞市场经济，让市场配置资源，资源有了用武之地，特别是人的积极性被调动起来了。人尽其才，物尽其用，经济也就不可能不增长。

反观中国经济增长的过程中，技术也是核心要素，有些技术是自己开发的，更多是通过开放引进的。此前，这些技术只在世界其他地方起作用，没能惠及中国。就算自己研发出来的技术，也离不开在开放中的学习或竞争。开放的奇妙之处在于，不需要费力从头学技术，避免走前人的弯路，也就是可以站在别人的肩膀上发展。如此看，与其说技术进步是经济增长的原因，不如说是结果。包括腾讯、阿里和百度，也是开放的产物。

改革开放就极大地促进了制度完善。改革是用市场取代计划，开放是把市场作用的范围扩大到全世界。单说开放的作用吧！开放是如何促进经济增长的呢？就是通过参与国际分工，成为全球供应链的一环实现的。我们在前文提到过，亚当·斯密的《国富论》开篇就是写分工。互通有无是人的天性，自愿的交易或者交换可以实现双赢。而交换的基础是分工。亚当·斯密发现，做扣针需要 18 道工序。如果一个人做全部 18 道工序，一天下来，1 枚扣针也做不成。如果每个人只做其中一道或者少数几道工序，比如一个人专门抽钢线，一个人专门拉直，一个人专门切截，一个人专门做针，一个人专门削尖针的一端，一个人专门磨另一端……这样 10 个工人一天可以做 48000 枚扣针，平均每人 4800枚！现代制造业分工可能更细密。为什么分工有如此奇效？亚当·斯密分析说，有三个原因：分工提高技艺，促进某些发明或技术的改进，节约时间。分工使每个人只做少数几件事，极端的时候只做一件事，越做越纯熟，成为行家里手，可以很好地养活自己。这就叫专业化。

亚当·斯密说，市场规模决定分工的程度。这是非常厉害的一句话。我们以医生这个职业为例。一个村医，内科、外科、产科都由他负责，一个人够了。如果他只看外科，就养不活自己，一个村一年能有多少外科病人呢！但在大城市，医院分科很细，外科还进一步分成普通外科、泌尿外科、胸外科、神经外科、骨科、运动医学等，因为城市的病人太多了。分工才可以提高技艺，这就是为什么大医院医生的水平高。同理，中国在开放后，生产的东西可以卖到全世界，市场规模大了，就可以进行专业化生产，比如温州有世界上规模最大的专门生产纽扣和拉链的工厂。中国制造就是靠着开放和专业化成为世界第一的。

产权也是制度。经济史专家认为，英国之所以能成为世界上第一个既强大又富裕、经济增长迅速的国家，是因为其率先建立了一套有激励的产权制度。圈地运动就是其中重要一环。通过圈地，明确草场的产权，阻止了他人过度放牧，草场得以维护，由此发展起畜牧业，为纺织业起飞奠定了基础。圈地运动还为纺织业准备了大量劳动力，就是那些在农村失去了放牧权的农民。当然，圈地运动也有其悲剧性的一面，在此不作叙述。

委内瑞拉的例子更能说明问题。委内瑞拉石油储量世界第一，人口才2000多万，理论上不应该贫穷，但这个国家真的很穷，2022年人均GDP才1800美元左右，而且社会动荡不安，有人称这是"资源的诅咒"，也就是资源越丰富，反倒越穷。对此有多种解释，简单说就是没有采用市场经济制度、缺乏技术创新能力，而这两点差不多就是一回事。

一个和经济增长有关的话题是所谓日本失去了20年或者30年。1989年日本房地产泡沫破裂，此后经济陷入长期低迷。到2010年有人说"日本失去了20年"，到2020年就有人说"日本失去了30年"。

日本经济增长最快的时期是20世纪50年代初期到70年代中期，年均增速超过10%，1968年日本GDP超过联邦德国，居世界第二位，直到2010年被中国超越。70年代中期到泡沫破裂前经济增速大约是年均5%，1990—2010大约是年均1.4%，2010—2022年大约是年均1.2%，均低于世界平均增长水平。

日本的情况并非个例。在长期高速增长后，所有经济体都会进入低速增长期。本来基数大了增长相对就难，而且增速最快的时候往往是资源驱动的，技术多是引进的，政府政策也比较奏效；

但到了后期，经济增长主要靠自身技术创新，创新很难，经常失败，路径也不清晰，增速肯定不如以前那么快。韩国、中国香港地区和中国台湾地区这些曾经的增长明星都和日本如出一辙。除非发生重大技术革命，经济低速增长是发达国家和地区的常态。日本技术创新能力算得上世界一流，而且确实始终保持着创新活力，方便面、计算器、DVD、闪存、数码相机、液晶电视、笔记本电脑、LED、二维码、NFC、移动支付都是日本人发明或有重要原创贡献的，但日本依然未能避免低增长结局。美国有时是个例外，唯一的解释是那里发生了重大技术革命，如互联网革命。

经济增长是按 GDP 衡量的，和国民福利并不能画等号。日本大量的生产能力在海外，2013 年，68% 的日本企业有海外生产基地，比如丰田公司，2/3 的车是在美国等其他国家生产的。有人说存在一个"海外日本"，如果按 GNP 而不是 GDP 衡量，日本的经济增速可以再提高 1/4 甚至 1/2；如果以更能反映居民福利的人均 GDP 计量，2000—2015 年日本增长了 20%，超过同期美国的增幅。此外，日本还有大量资本在海外，每年给日本人增加的收入也很可观。

光看经济增速是片面的，还要看经济增长的质量。比如药物生产出来其价值就计入 GDP，但药分良莠，日本的药物产品质量是公认过硬的。更宏观的质量指标是环境和人均预期寿命，这两项日本差不多都是世界第一。

所以，说日本失去了 20 年或者 30 年，这是一种误解，日本仍在进步，仍是世界最发达国家之一，很多方面都位于世界顶尖水平，并没有退步。从更长时间维度考察，在最近的100余年里，日本依然是世界上增长最快的经济体，100多年来年均增速达到了3%。对，经济增速3%就是世界第一！不要小看这3%。100多年前，阿根廷经济名列世界前茅，日本无法望其项背，就是靠着这3%，今日的日本把资源非常丰富的阿根廷远远甩在后面。

要说日本真正且最大的问题，就是生育率低下和预期寿命延长共同导致的人口老龄化，劳动人口下降，进入了所谓的低欲望社会，消费、投资都疲弱不振，社会保险负担不断加剧，严重拖累了经济增长。

中国经济增长的前景如何？我想只要坚持搞市场经济，坚持改革开放，以我们中华民族的勤劳和聪明，会再创奇迹，超过日本曾经的辉煌。

第 33 讲

经济学家谱
和其中的华人身影

淡水学派和咸水学派

经济学是1776年由英国人亚当·斯密创立的。1776年,亚当·斯密出版《国民财富的性质和原因的研究》,即大名鼎鼎的《国富论》。这并不是说1776年以前没人研究经济问题,当然有,下面列出的就是其中最重要的代表。

亚里士多德(公元前384—公元前322),古希腊"哲学三贤"之一。在《政治学》和《伦理学》中,有关于财富、价值和货币的论述。

色诺芬(约公元前440—公元前355),苏格拉底的学生,著有《经济论》和《雅典的收入》。《经济论》是人类第一次使用"经济"(希腊文oikouomikoz)一词,只是含义和今天相去甚远,他还提到了"分工"这一重要经济学命题。

托马斯·阿奎那(1225—1274),其在宗教上的地位可比圣奥古斯丁。在《神学大全》中讨论了高利贷问题。

蒙克莱田（1575—1621），法国经济学家和剧作家，著有《献给国王和王后的政治经济学》（1615），这是人类第一次使用"政治经济学"（法文）一词。

威廉·配第（1623—1687），英国经济学家，著有《赋税论》（1662）。提出了"劳动是财富之父，土地是财富之母"和能动的要素的观点。

大卫·休谟（1711—1776），英国哲学家，创立了怀疑哲学，亚当·斯密的终身挚友。在《政治论文》（1852）中，讨论了商业、货币、利息、税收、贸易、公共信用等问题。休谟的思想影响了亚当·斯密。

弗朗索瓦·魁奈（1694—1774），法国重农主义的代表、外科医生，因成为国王路易十五情妇蓬帕杜夫人的侍医，得其关照住进凡尔赛宫，因此有机会和财力汇集同道，研究经济问题，著有《经济表》（1758）。有人评价说，人类有史以来最伟大的三个发明是：火、汽车轮子和《经济表》。魁奈的学说对亚当·斯密写作《国富论》有直接影响。

杜尔哥（1727—1781），著有《关于财富的形成和分配的考察》（1766），该著作是为作者两个即将回国的中国学生而写，里边提出了52个有关中国的问题，希望他们回国后能帮忙收集资料。我查到了这两位学生的名字：高类思和杨德望。他们是最早接触经济思想的中国人，但因为种种局限，回国后没能完成杜尔哥交代的任务。

以上成果虽然也重要，但可惜都没能建立起经济学的完整体系，最终，这个任务是亚当·斯密完成的，他是公认的"近代经济学之父"。

《国富论》之后，经济学进入第一阶段：古典经济学。除了亚当·斯密，古典经济学的主要代表还有以下这些经济学家。

让·巴蒂斯特·萨伊（1767—1832），法国经济学家，第一个在欧洲大陆公开讲授政治经济学的人，其《政治经济学概论》（1803）将经济学分为生产、分配、消费三部分。该书也是欧洲大陆第一本政治经济学教科书。

托马斯·马尔萨斯（1766—1834），英国第一位政治经济学教授，影响最大的著作是《人口原理》。

大卫·李嘉图（1772—1823），英国古典政治经济学家。马克思说古典经济学在英国从威廉·配第开始，到大卫·李嘉图结束。他是古典经济学的伟大完成者，主要著作《政治经济学及赋税原理》开辟了经济学研究的演绎法，达到了古典经济学的巅峰，著名的比较优势原理就出自此书。

西斯蒙第（1773—1842），法国经济学家，著有《政治经济学新原理》。马克思说古典经济学在法国从布阿吉尔贝尔开始，到西斯蒙第结束。

约翰·穆勒（1806—1873），人称"小穆勒"，以区别他父亲詹姆斯·穆勒。他把古典经济学的主要成果综合在《政治经济学原理及其在社会哲学上的若干应用》（1848）中，并将政治经济学研究分为生产、交换、分配、消费四部分。直到1890年之前，大约50

年时间，这本书是全世界最主要的政治经济学教科书。穆勒还是著名的哲学家，出版有《论自由》等多部名著，严复首次将《论自由》译成中文，书名译作《群己权界论》。

必须特别提出的是马克思的《资本论》(第一卷)(1867年)，该著作是批判资本主义生产方式的巨著。它不属于这里说的哪个阶段或学派，是独树一帜的。马克思是有史以来最伟大的经济学家之一。

经济学第二阶段，是新古典经济学。经济学进入第二阶段，是因为发生了边际革命，改写了经济学主体的价值理论。

边际革命最主要的人物就是被称为"三杰"的斯坦利·杰文斯、莱昂·瓦尔拉斯和卡尔·门格尔。其中，斯坦利·杰文斯（1835—1882）是英国经济学家，著有《政治经济学理论》(1871)，还用太阳黑子解释经济周期；卡尔·门格尔（1840—1921）是经济学中著名的奥地利学派的先驱，著有《国民经济学原理》。

法国经济学家莱昂·瓦尔拉斯（1834—1910），既是"边际革命三杰"之一，也是新古典经济学的主要代表，还是一般均衡理论的创立者，一般均衡理论是经济学的高峰。他的墓志铭就是"一般均衡理论的创立者"，瓦尔拉斯著有《纯粹经济学要义》。另外，提出帕累托效率的帕累托就是瓦尔拉斯的弟子。

阿尔弗雷德·马歇尔（1842—1924）于1890年出版《经济学原理》，把古典经济学的基本理论（注重供给）和边际革命（注重需求）的成果相结合，首创供求均衡模型，其内容基本相当于今天的微观经济学，是新古典经济学产生的标志，此后"经济学"

替代了"政治经济学"。《经济学原理》也取代了穆勒的《政治经济学原理及其在社会哲学上的若干应用》，成为全世界最流行的经济学教科书，直到 1948 年，也是大约 50 年。

美国经济学家欧文·费雪（1867—1947），是耶鲁大学第一位经济学博士，其最重要的著作是《利息理论》，提出著名的费雪方程式，也是新古典经济学的重要代表。民国时期"四大经济学家"之一的何廉（1895—1975）也是耶鲁大学博士，曾和费雪是同事，专门研究指数。1926 年回国时，费雪曾资助他 500 美元。

1936 年，马歇尔在剑桥大学的学生、英国经济学家约翰·梅纳德·凯恩斯（1883—1946），发表《就业、利息和货币通论》，认为自由市场必然存在生产过剩、有效需求不足和非自愿失业，需要国家干预，史称"凯恩斯革命"。凯恩斯受到马尔萨斯思想的影响，后者最早提出要警惕生产过剩。凯恩斯是 20 世纪上半叶影响最大的经济学家，也是有史以来最伟大的经济学家之一。《就业、利息和货币通论》开创了宏观经济学。

此后，经济学逐渐进入现代阶段，流派纷呈，有主流也有非主流。主流就是在大学课堂里讲授的经济学，非主流就是经济学教科书较少体现的经济学说。20 世纪 70 年代后，美国的经济学家通常划分为两大流派——淡水学派和咸水学派，这种划分也可以描述世界经济学的现状。

淡水学派的理念更接近古典经济学，反对凯恩斯主义，主张自由市场，在美国以芝加哥学派为主要代表，这派经济学家所在的大学靠近五大湖地区，五大湖属淡水湖，因此而得名。

芝加哥学派代表人物是米尔顿·弗里德曼（1912—2006），1976 年诺贝尔经济学奖获得者，《资本主义与自由》《价格理论》《自由选择》是他的代表作。

淡水学派另外的分支是奥地利学派，其最主要的代表人物是生于奥匈帝国的美国经济学家冯·米塞斯（1881—1973）和出生于奥地利的英国经济学家冯·哈耶克（1899—1992）。米塞斯的思想集中体现在他最重要的著作《人的行为》中。哈耶克曾在米塞斯领导下工作，受米塞斯影响较大，是 1974 年诺贝尔经济学奖获得者，主要著作是《通往奴役之路》和《个人主义与经济秩序》等。哈耶克的学生中，就有华裔学者、著名经济学家蒋硕杰[1]（1918—1993）。蒋硕杰曾撰文批评凯恩斯和另一位经济学大师庇古[2]的理论，后者公开承认并改正错误。哈耶克和弗里德曼堪称 20 世纪下半叶影响最大的经济学家。哈耶克的思想曾对 20 世纪 80 年代的美国总统里根和英国首相撒切尔夫人产生直接影响，推动了两国经济的自由化。

咸水学派赞成凯恩斯主义，同时也主张市场经济，又叫新古典综合派，综合了凯恩斯主义和古典经济学的理论，这派的经济学家多工作在美国东西海岸的大学，如东岸的哈佛大学、麻省理工学院、普林斯顿大学，西岸的斯坦福大学、加州大学伯克利分

---

[1] 曾任北京大学、康奈尔大学教授。育有一女，其夫为 2013 年诺贝尔经济学奖获得者彼得·汉森（1952—）。

[2] 庇古（1877—1959），英国著名经济学家，剑桥大学教授，福利经济学的主要创始人。

校，因海水是咸的而得名。

其代表人物是保罗·萨缪尔森（1915—2009），美国麻省理工学院教授，第一个获得诺贝尔经济学奖的美国经济学家。他的主要著作是《经济学》（1948年第1版），该著作1948年之后取代马歇尔的《经济学原理》成为全世界大学最流行的经济学教科书之一，直到今天。他的另一部重要著作是《经济分析基础》（1947），把经济学理论数学模型化。诺贝尔经济学奖得主劳伦斯·克莱茵、保罗·克鲁格曼、罗伯特·莫顿，都是萨缪尔森的嫡传弟子。

要特别提到刘大中（1914—1975），他是公认的经济学最权威辞典《新帕尔格雷夫经济学大辞典》收录的唯一一位华裔学者，世界一流计量经济学家，发表过多篇重要学术论文。他在康奈尔大学任教时指导的博士生罗伯特·恩格尔（Robert Engle，1942— ）是2003年诺贝尔经济学奖获得者。劳伦斯·克莱因和另一位诺贝尔经济学奖获得者西蒙·库兹涅茨都是刘大中的好友。库兹涅茨曾专文纪念刘大中，足见后者在世界经济学界的影响力。

凯恩斯在《就业、利息和货币通论》最后表示："经济学家以及政治哲学家之思想，其力量之大，往往出乎常人意料。事实上统治世界者，就只是这些思想而已。许多实行者自以为不受任何学理之影响，却往往当了某个已故经济学家之奴隶……我很确信，既得利益之势力，未免被人过分夸大，实在远不如思想之逐渐侵蚀力之大。这当然不是在即刻，而是在经过一段时间以后。理由是，在经济哲学以及政治哲学这方面，一个人到了25岁或30岁以后，很少再会接受新说……然而早些晚些，不论是好是坏，危险的倒不是既得利益，而是思想。"[1]

凯恩斯的这些话是对经济学作用的最佳阐释，也是我最喜欢的经济学家名言。

---

[1] 《就业、利息和货币通论》，凯恩斯著，徐毓枂译，译林出版社，2019年，第331页。

附 录

附录1：本书涉及的经济学术语

1. 经济学（economics）：研究一个社会如何利用稀缺的资源进行有价值的生产，并把生产成果在社会成员之间进行分配的科学。

2. 稀缺（scarcity）：相对于人类无穷的欲望，资源总是显得不足的状态。

3. 效率（efficiency）：社会对资源的利用没有再改进余地，即如果不让某个社会成员境况变差，就不能让任何其他成员变好。

4. 生产什么，如何生产，为谁生产（what, how and whom）：经济社会面临的基本问题，也叫资源配置，社会必须就这三个问题做出选择，以实现社会福利最大化。

5. 微观经济学（microeconomics）：研究微观经济主体，即单个消费者、单个厂商、单个市场的经济学分支，其核心是价格的决定。

6. 宏观经济学（macroeconomics）：研究一个经济总体运行的经

济学分支，核心是货币问题。

7. 计划经济（planned economy）：由计划当局决定生产什么、如何生产、为谁生产的经济。

8. 市场经济（market economy）：由私人企业，特别是通过价格决定生产什么、如何生产、为谁生产的经济。

9. 边际（marginal）：某个变量的微小变动引起的其他变量的改变量。

10. 总收益（total revenue）：企业出售产品得到的全部收入。

11. 边际收益（marginal revenue）：某种活动的微小改变所增加的总收益。

12. 机会成本（opportunity cost）：把做这件事的资源用于其他事情所能产出的最大价值。

13. 均衡（equilibrium）：本是物理学上的概念，指物体受到大小相等、方向相反的两个力的作用，而保持暂时不动的状态。经济学界借用之，用来分析消费者、厂商以及宏观经济达到的最佳状态及实现条件。

14. 经济人假设（economic man's hypothesis）：每个人都在给定约束下追求自己利益最大化，是经济学最基本的假设。

15. 看不见的手（invisible hand）：亚当·斯密认为社会中存在着一种不同于人为秩序的"自然秩序"，"看不见的手"实际上就是价格机制，在该机制的诱导下，经济可以有效地运行，达到最佳状态，不需要政府干预。

16. 需求（demand）：在其他条件不变的情况下，在给定价格下，消费者愿意并且能够购买的某种商品数量。

17. 供给（supply）：在其他条件不变的情况下，在给定价格下，生产者愿意并且能够提供给市场的商品数量。

18. 价格（price）：名义价格是每单位商品（含劳务）的货币度量。但经济学更强调相对价格，也就是两种商品交换的比率或者名义价格的比率。

19. 市场（market）：买者和卖者相互作用决定价格的机制和制度安排。

20. 均衡价格（equilibrium price）：商品需求量和供给量相等时的价格。

21. 效用（utility）：从物品消费中获得的快乐和满足。

22. 边际效用（marginal utility）：新增加的一单位商品消费所增加的总效用。

23. 边际效用递减规律（law of diminishing marginal utility）：不断地增加对某种商品的消费，所增加的总效用越来越少。

24. 边际产量（marginal product）：保持其他投入不变，单独增加一单位某种投入所增加的总产量。

25. 边际收益递减规律（law of diminishing marginal returns）：在技术和其他投入不变的条件下，单独增加一单位某种投入，所增加的总收益越来越少。

26. 企业家才能（entrepreneurship）：企业家具有的协调生产经营活动以及创新的能力。

27. 经济利润（economic profit）：总收益与总（机会）成本的差。

28. 正常利润（normal profit）：企业家才能的报酬，是总成本的一部分。

29. 会计利润（accounting profit）：总收益减去会计成本。

30. 固定成本（fixed cost）：与产量无关的成本，或者说产量为零时的总成本。

31. 可变成本（variable cost）：随产量变动而变动的成本，产量为零时，总可变成本是零。

32. 平均可变成本（average variable cost）：总可变成本除以总产量。

33. 完全竞争（perfect competition）：一种市场结构，在其中，存在过多的厂商，每个厂商的产量与总产量相比都微不足道，每个厂商都是价格的接受者，并且不能影响价格。

34. 垄断（monopoly）：只有一个厂商的市场结构，厂商对价格有控制权。

35. 价格歧视（price discrimination）：出售同样的商品，向不同类型的买者收取不同的价格。

36. 自然垄断（natural monopoly）：一个企业能以低于两个或者更多的企业生产时的成本为整个市场服务。

37. 博弈论（game theory）：研究当事人之间的决策互相影响条件下，人们如何决策以获得最大利益的理论和方法。

38. 纳什均衡（Nash equilibrium）：博弈当事人的战略组合，其中每个人的战略都是在给定其他人战略的情况下的最佳战略。

39. 垄断竞争（monopolistic competition）：一种市场结构，在其中，每个厂商生产的产品都与其他厂商有差别，因此对消费者构成垄断；同时，每个厂商的产品差别又非常小，它们之间又存在竞争关系。

40. 寡头（oligopoly）：少数几家大的厂商提供了市场绝大部分份额的市场结构。

41. 国内生产总值（gross domestic product，GDP）：一个国家在给定时期内，所生产的全部最终产品和劳务的市场价格的和。

42. 最终产品（final goods）：用于消费，不再进入下一阶段生产或销售的产品。

43. 附加值（value added）：某一个环节上的附加值，是售价与购进价格的差额。

44. 总需求（aggregate demand）：在给定时期内，给定的价格水平下，一个经济中所有部门愿意购买的产品价值的总和。

45. 大萧条（The Great Depression）：指1929—1933年席卷整个资本主义世界的严重经济危机。

46. 萨伊定律（Say's law）：供给能够创造自己的需求，生产能够创造自己的销路，买就是卖，卖就是买，市场不会有卖不出去的商品。

47. 财政（public finance）：政府的收支活动。

48. 公共物品（public goods）：每个人不管是否付费都可以消费的物品。

49. 税收（taxation）：政府利用强制力，无偿从居民或者企业那里取得的收入。

50. 财政政策（fiscal policy）：政府改变购买支出和转移支付规模，以及改变税收，进而调节总需求的措施。

51. 乘数效应（multiplier effect）：政府购买支出和税收的变化，引起总产出价值数倍的变化。

52. 货币（money）：普遍接受的交易媒介或者支付手段。

53. 银行（bank）：从储户手里获得资金，借给需要资金的人，从中获取收益的企业。

54. 货币供给量（money supply）：一个经济中的货币总量。

55. M1：现金和活期存款（支票存款）。

56. M2：现金、活期存款和定期存款（储蓄存款）的和。

57. 中央银行（central bank）：银行的银行。

58. 货币政策（monetary policy）：中央银行控制货币供给量的手段。

59. 准备金（reserve）：商业银行吸收的存款中，按法律规定交给中央银行的部分。

60. 公开市场操作（open-market operation）：中央银行买进和卖出政府债券以影响货币供给量的行为。

61. 贴现率（discount rate）：商业银行向中央银行借款的利率。

62. 失业（unemployment）：16 周岁以上、有工作能力并愿意接受现行工资条件，但没有被雇用而正在寻找工作的人。

63. 失业率（unemployment rate）：失业人口占全部劳动力人口的百分比。

64. 通货膨胀（inflation）：一般价格水平的上升，通常用 CPI 的变动程度来衡量。

65. 消费价格指数（consumer price index，CPI）：与基期相比的，用加权法计算的消费者购买固定的"一篮子"商品的花费，无单位。

66. 需求拉动型通货膨胀（demand-pull inflation）：总需求过大造成的通货膨胀。

67. 成本推动型通货膨胀（cost-push inflation）：成本上升造成的通货膨胀。

68. 惯性通货膨胀（inertial inflation）：如果大家都认为价格要上涨，并且据此调整所有合同，通货膨胀就将真的发生，并且持续下去。

69. 潜在产出（potential product）：一个国家最大的生产能力，可以用充分就业时的总产量衡量。

70. 经济增长（economic growth）：一个国家潜在产出的持续增加。

71. 马尔萨斯的人口理论（Malthus's population theory）：人口以

几何级数增长,而生活资料以算术级数增长,到一定时候,人类将面临饥饿的威胁,因此要控制人口,并认为可以采取诸如战争和瘟疫等极端手段。

72. 人力资本(human capital):个人通过教育和自身经历形成的可以用于生产的知识和技能。

73. 技术进步(technological progress):生产工艺、过程的改进,或者新产品开发,使产出在投入不变的情况下仍可增加。

74. 国际贸易(international trade):国家之间交换商品和相互提供劳务的活动,也叫世界贸易。

75. 绝对优势(absolute advantage):如果一个国家生产某种产品的直接成本(即会计成本)比别的国家低,就说这个国家在该产品的生产上具有绝对优势。

76. 比较优势(comparative advantage):如果一个国家生产某种产品的机会成本比别的国家低,就说这个国家在该产品的生产上具有比较优势。

77. 关税(customs tariff):一个国家对进出口物品征收的税,是最古老的税种之一。

78. 自由贸易(free trade):不使用关税和非关税手段限制国际贸易的主张和政策。

79. 贸易保护主义(trade protectionism):主张通过关税和非关税壁垒阻止外国产品进入本国市场,以保护本国产业的主张和政策。

80. 关税壁垒(tariff barriers):通过对进口产品征税以阻止外国产品进入本国市场,或者对出口产品征税阻止本国产品出口。一般指进口税。

81. 非关税壁垒(non-tariff barriers,NTB):关税以外的阻止自由贸易的措施。

82. 配额(quota):规定进口商品数量的做法。

83. 汇率（foreign exchange rate）：一种货币与另一种货币交换的比率。

84. 外汇市场（foreign exchange market）：不同货币交换的场所。

85. 固定汇率制度（fixed exchange rates）：本国货币与他国货币的汇率基本固定的制度。

86. 浮动汇率制度（floating exchange rates）：汇率由外汇市场决定，政府不规定汇率的制度。

87. 金本位（gold standard）：一国规定其货币单位与某一固定量黄金等价的制度。

88. 购买力平价理论（theory of purchasing power parity）：汇率的作用是使不同货币在各国的购买力相等。

附录 2：经济学著作[①]

《经济论 雅典的收入》（色诺芬）

《魁奈经济著作选集》（弗朗索瓦·魁奈）

《国民财富的性质和原因的研究》（简称《国富论》，亚当·斯密）

《政治经济学及赋税原理》（大卫·李嘉图）

《政治经济学概论》（让·巴蒂斯特·萨伊）

《人口原理》（托马斯·马尔萨斯）

《政治经济学原理及其在社会哲学上的若干应用》（约翰·穆勒）

《纯粹经济学要义》（莱昂·瓦尔拉斯）

《国民经济学原理》（卡尔·门格尔）

《政治经济学理论》（斯坦利·杰文斯）

《财富理论的数学原理的研究》（奥古斯丹·古诺）

《资本论》（马克思）

《经济学原理》（阿尔弗雷德·马歇尔）

《利息理论》（欧文·费雪）

《资本实证论》（冯·庞巴维克）

《就业、利息和货币通论》（约翰·梅纳德·凯恩斯）

《经济科学的性质和意义》（莱昂内尔·罗宾斯）

《经济分析史》（约瑟夫·熊彼特）

《人的行动：关于经济学的论文》（路德维希·冯·米塞斯）

[①] 基本按年代顺序排列，可在搜索引擎中输入书名和作者，了解著作的基本内容，每本著作均有中文译本。所列著作也是本书的参考文献。

《通往奴役之路》（冯·哈耶克）

《个人主义与经济秩序》（冯·哈耶克）

《风险、不确定性和利润》（富兰克·奈特）

《社会选择与个人价值》（肯尼斯·阿罗）

《资本主义与自由》（米尔顿·弗里德曼）

《价格理论》（米尔顿·弗里德曼）

《经济学》（保罗·萨缪尔森，威廉·诺德豪斯）

《经济分析基础》（保罗·萨缪尔森）

《经济增长理论》（阿瑟·刘易斯）

《企业、市场与法律》（罗纳德·科斯）

《公共选择》（戈登·塔洛克）

《经济史中的结构与变迁》（道格拉斯·诺思）

《纳什博弈论论文集》（约翰·纳什）

《思考，快与慢》（丹尼尔·卡尼曼）

附录 3：进一步学习的参考书

一、基础水平

1. 格里高利·曼昆，《经济学原理》（第 8 版），梁小民等译，北京大学出版社，2020 年。

2. 保罗·A. 萨缪尔森，威廉·D. 诺德豪斯，《经济学》（第 19 版），萧琛主译，商务印书馆，2013 年。

3. 布拉德利·希勒，《经济学基础》（第 7 版），王福重译，人民邮电出版社，2011 年。

二、中级水平

1. 哈尔·范里安，《微观经济学：现代观点》（第 9 版），费方域等译，格致出版社、上海三联书店、上海人民出版社，2015 年。

2. 罗伯特·巴罗，《宏观经济学：现代观点》，沈志彦、陈利贤译，格致出版社、上海三联书店、上海人民出版社，2008 年。

三、高级水平

1. 安德鲁·马斯－克莱尔、迈克尔·D. 温斯顿、杰里·R. 格林，《微观经济理论》，曹乾译，中国人民大学出版社，2014 年。

2. 戴维·罗默，《高级宏观经济学》（第 5 版），吴化斌、龚关译，上海财经大学出版社，2021 年。

附录 4：世界大学经济学排名[①]

1. 哈佛大学（美国）
2. 麻省理工学院（美国）
3. 斯坦福大学（美国）
4. 芝加哥大学（美国）
5. 加州大学伯克利分校（美国）
6. 伦敦政治经济学院（英国）
7. 普林斯顿大学（美国）
8. 牛津大学（英国）
9. 耶鲁大学（美国）
10. 剑桥大学（英国）
11. 纽约大学（美国）
12. 哥伦比亚大学（美国）
13. 宾夕法尼亚大学（美国）
14. 加州大学洛杉矶分校（美国）
15. 西北大学（美国）
16. 博科尼大学（意大利）
17. 伦敦大学学院（英国）
18. 新加坡国立大学（新加坡）
19. 加州大学圣迭戈分校（美国）

[①] 根据 2022QS 大学排行榜翻译，只列出前 50 名。QS 是一个英国教育组织。该榜是世界最知名的大学排行榜之一。

20. 多伦多大学（加拿大）

21. 杜克大学（美国）

22. 密歇根大学安娜堡分校（美国）

23. 不列颠哥伦比亚大学（又译"英属哥伦比亚大学"，加拿大）

24. 庞培法布拉大学（西班牙）

25. 华威大学（英国）

26. 北京大学（中国）

27. 波士顿大学（美国）

28. 香港科技大学（中国）

29. 康奈尔大学（美国）

30. 清华大学（中国）

31. 苏黎世联邦理工学院（瑞士）

32. 东京大学（日本）

33. 澳大利亚国立大学（澳大利亚）

34. 墨尔本大学（澳大利亚）

35. 布朗大学（美国）

36. 新南威尔士大学（澳大利亚）

37. 伦敦商学院（英国）

38. 苏黎世大学（瑞士）

39. 帝国理工学院（英国）

40. 蒙纳士大学（又译"莫纳什大学"，澳大利亚）

41. 南洋理工大学（新加坡）

42. 蒂尔堡大学（荷兰）

43. 慕尼黑大学（德国）

44. 加州理工学院（美国）

45. 伊拉斯姆斯大学（荷兰）

46. 卡内基梅隆大学（美国）

47. 巴黎经济学院（法国）

48. 首尔大学（韩国）

49. 香港中文大学（中国）

50. 曼海姆大学（德国）